Recueil De Pièces Concernant La Bête féroce Du Gévaudan.

MDCCLXV.

Table de ce que contient ce Volume.

Par moi Gervais François Magné de Marolles né en 1727 au Bourg de Tourouvre près Mortagne, Province du Perche; ancien Lieutenant au Régiment de Bourgogne Infanterie auteur de ce Recueil, que je fis dans le temps même avec beaucoup de soin, pour ma propre satisfaction, sans penser alors que je pouvois travailler pour l'utilité publique. Si le Gouvernement eût eu [biffé] dans la circonstance, des Mémoires historiques et détaillés comme ceux-ci sur un fait de même nature, arrivés en Normandie, sous le règne de Louis XIII, dont j'ai fais mention dans les Précis historiques, ses démarches eussent été plus éclaircées; il eût mieux connu l'ennemi qu'on avoit à combattre, et auroit agi plus sûrement, et avec moins d'inquiétude.

Ce Dépôt a été fait le 2[?] Juin 1782.

De Marolles

N° Le S. Magné de Marolles est auteur de l'Essai sur les Chasses au fusil, imprimé à Paris en 1781, et réimprimé en 1782, in 8.

Relevé

De Tout ce qui a été dit concernant

La Bête féroce du Gévaudan

Dans les Papiers Publics; Sçavoir La Gazette de France, Le courier d'Avignon, & L'Année Littéraire; Avec quelques Lettres particulières sur le même sujet de M. d'Enneval, et autres.

Gazette de France.

S. 382. A

Gazette du 23 9bre 1764.

Extrait d'une lettre écrite de Marvejols dans le Gévaudan le 1. 9bre 1764.

Il paroît depuis deux mois dans cette Province aux environs de la forêt de Mercoire, et de Langogne une Bête farouche qui répand la consternation dans toutes les campagnes; Elle a déjà dévoré une vingtaine de personnes surtout des enfants et particulièrement de jeunes filles. il n'y a guère de jours qui ne soient marqués par de nouveaux désastres. La frayeur qu'elle inspire empêche les Bucherons d'aller dans les Forêts ce qui rend le bois fort rare et fort cher.

Ce n'est que depuis 8 jours qu'on a pu parvenir à voir de près ce

redoutable animal, il est beaucoup plus haut qu'un loup, bas du
» devant; ses pattes sont armées de griffes; il a le poil rougeâtre, la tête
» fort grosse, longue et finissant en museau de lévrier: les oreilles petites,
» droites côe des cornes. le poitrail large et un peu gris: le dos rayé de
» noir; une gueule énorme armée de dents si tranchantes qu'il a séparé
» plusieurs têtes du corps côe pourroit le faire un razoir. Il a le pas assez
» lent, et court en bondissant: il est d'une agilité, et d'une vitesse surprenan-
» tes: dans un intervalle de temps fort court, on le voit à 2 ou 3 lieües de
» distance; il s'approche de sa proye ventre à terre, et en rampant, et
» ne paroît pas alors plus gros qu'un gros renard. A une ou deux toises de
» distance, il se dresse sur ses deux piés de derrière, et s'élance sur sa proye
» qu'il prend toujours au cou par derriere ou par les côté. Il craint les Bœufs
» qui le mettent en fuite. L'allarme est universelle dans ce canton: on
» vient de faire des Prières publiques. le Marquis de Morangiés a
» rassemblé 400 Païsans pour donner la chasse à cet animal féroce, mais
» on n'a pu encores l'atteindre.

Gazette du 14. Janvier 1765.
De Mende le 29 X.bre 1764.

La Bête féroce dont on a déjà parlé dans les papiers publics, il y a
quelque temps, après avoir porté l'effroy et causé des ravages dans plu-
-sieurs Provinces est depuis quelque temps dans les nôtre. On la vit il y a
peu de jours à 10 lieües d'ici auprès de S. Flour, et elle est actuellement
dans nos environs. Elle a dévoré avanthier (27) une petite fille qui gar-
-doit des bestiaux à une lieüe d'ici. Un détachement de Dragons a été
pendant six semaines à sa poursuite sans pouvoir la rencontrer. La
Province a proposé une récompense de 3000 # pour quiconque tuera cet
animal, mais personne n'a encores pu trouver le moment de l'attaquer.

Gazette du 18 Février 1765

De Montpellier le 8 Février 1765.
La Bête féroce qui désole le Gévaudan continüe d'y faire des ravages
et d'y.

et y répandu la consternation. Il se passe peu de jours qu'on n'en apprenne quelque nouvelle affligeante. Le 12 Janvier elle attaqua 5 petits garçons du village de Villeret près de Chanaleilles. Les trois plus avancés avoient environ 11 ans; les deux autres n'en avoient que 8, et ils avoient avec eux deux petites filles environ du même âge. Ces enfans gardoient du bétail au haut d'une montagne; ils s'étoient armés chacun d'un bâton au bout duquel ils avoient attaché une lame pointue de fer de la longueur de quatre doigts. La Bête féroce vint les surprendre, et ils ne s'apperçurent que lorsqu'elle fut près d'eux. Ils se rassemblèrent au plus vite et se mirent en deffense. La Bête les tourna deux ou trois fois et enfin s'élança sur un des plus petits garçons. Les trois plus grands fondirent sur elle, la piquèrent à plusieurs reprises sans pouvoir lui percer la peau. Cependant à force de la tourmenter, ils lui firent lâcher prise: elle se retira à deux pas après avoir arraché une partie de la joüe droite du petit garçon dont elle s'étoit saisie, et se mit à manger de ce lambeau de chair. Bientôt après elle revint attaquer ces enfans avec une nouvelle fureur: elle saisit par le bras le plus petit d'eux, et l'emporta dans sa gueule. L'un d'eux épouvanté proposa aux autres de s'enfuir pendant qu'elle dévoreroit celui qu'elle venoit de prendre; mais le plus grand nommé Portefaix qui étoit toujours à la tête des autres leur cria qu'il falloit délivrer leur camarade, ou périr avec lui. Ils se mirent donc à poursuivre la Bête et la poussèrent dans un marais qui étoit à 50 pas, et où le terrain étoit si mou qu'elle y enfonçoit jusqu'au ventre; ce qui retarda sa course, et donna à ces enfans le temps de la joindre. Comme ils s'étoient apperçus qu'ils ne pourroient lui percer la peau avec leurs espèces de piques, ils cherchoient à la blesser à la tête et surtout aux yeux; ils lui portèrent effectivement plusieurs coups dans la gueule qu'elle avoit continuellement ouverte; mais
ils

ils ne purent lui rencontrer les yeux. Pendant le combat elle tenoit toujours
le petit garçon sous sa patte, mais elle n'eut pas le temps de le mordre
parcequ'elle etoit trop occupée à esquiver les coups qu'on lui portoit. Enfin
ces enfans le harcelerent avec tant de constance et d'intrepidité qu'ils lui
firent lâcher prise une seconde fois, et le petit garçon qu'elle avoit emporté
n'eut d'autre mal qu'une blessure au bras, et une legere égratignure au
visage. Comme la petite Troupe ne cessoit de crier de toute sa force, un
homme accourut, et se mit à crier de son côté. La Bête entendant un
nouvel ennemi se dressa sur ses pattes de derriere, et aiant apperçu
l'homme qui venoit à elle, prit la fuite, et alla se jetter dans un ruisseau
à une demie lieüe delà. Trois hommes la virent s'y plonger, en sortir et
se rouler ensuite quelque temps sur l'herbe ; après quoi elle prit la
route du Mazel où elle dévora un garçon de 15 ans. Le 21 elle se
jetta sur une fille de même âge qui heureusement fut secouriie à
temps et dont les blessures ne furent pas mortelles, quoique considérables.
Le lendemain (22) elle attaqua une femme à Sulliange frontiere
d'Auvergne, et lui coupa la tête.

On a vérifié que dans le courant des mois de Xbre et Janvier elle
a dévoré deux personnes dans le Roüergue et trois en Auvergne ; Ses
courses s'y prolongent dans une étendüe de plus de 40 lieües dont le
Gévaudan est toujours le centre.

Le S. Duhamel Cap.ne des Dragons et l'Intendant d'Auvergne
ont concerté une chasse générale qui a dû se faire hier, et si le
succès n'en est pas favorable, on en fera une seconde indiquée pr
le 11 de ce Mois. Le S. Duhamel a dérisé ses Dragons par
pelotons ; on en a fait habiller plusieurs en femmes qui accompagnent
les petits enfans, lorsqu'ils vont garder leurs Troupeaux. Nous
espérons que toutes ces mesures jointes, à la récompense promise par le
Roi, de bonc.te et celles de . . . . . par la Province et le Diocèse nous
delivreront

délivreront enfin de cet animal terrible dont l'acharnement, et l'audace
semblent s'accroître de jour en jour.

Gazette du 15. Mars 1765

Suivt. les nouvelles qu'on a reçues du Gévaudan les mesures prises
jusqu'à présent pour délivrer le pais de la Bête féroce qui le ravage
n'ont pas eu le succès qu'on en attendoit. La 1.re Chasse générale concertée par le S. Duhamel Capitaine des Volontaires de Clermont, et L'In-
-tendt. d'Auvergne se fit le 7 comme on l'avoit annoncé. 73 Paroisses
du Gévaudan et 30 de l'Auvergne et du Roüergue formèrent un corps
d'environ 20000 chasseurs conduits par les Subdélégués, les Consuls, et les
notables habitans. La Bête fut lancée par les chasseurs de la Liste de
Prunières; elle passa à gué la rivière de Truière, dont le bord opposé
se trouva malheureusement dégarni, quoique suivant les dispositions
qui avoient été faites, il dût être gardé par les habitans de Malzieu.
Le Vicaire de Prunières et 10 de ses Paroissiens, se jettèrent dans la rivière,
en traversèrent une partie à la nage malgré la rigueur de la Saison,
et chassèrent l'animal fort longtemps en suivant ses traces sur la
neige. à une heure après midi la Bête fut rencontrée par 5 ha-
-bitans de Malzieu; l'un deux lui tira un coup de fusil à balle & bécasses;
elle tomba sur les deux jambes de devant en jettant un grand cri, mais
elle se releva promptement, et ils la poursuivirent jusqu'à la nuit
sans pouvoir l'atteindre d'assez près pour la tirer une seconde fois.
Le 10 les habitans de 17 Pses. se réunirent pour une autre chasse
dans laquelle on ne pût rencontrer cet animal. Le lendemain (11)
on fit encore une chasse générale aussi nombreuse que la 1.re et
qui réut pas plus de succès. Le 9 cette Bête cruelle enleva un enfant
à la porte de la maison de son père, le traîna jusqu'à 200 pas, mais
fut obligé de l'abandonner à l'arrivée d'un homme qui la poursuivit
avec son chien. Les blessures de l'enfant quoiqu'assez grièves, ne sont

Première Chasse
Generale le 9
Février.

Chasse de 17 Psses
le 10. et générale
Le 11.

pas dangereuses. Le même jour, elle dévora au village de Mialo-
-nettes, une jeune fille de 14 ans: des habitans qui arrivèrent sur
le lieu la contraignirent de lâcher sa proie: On laissa le cadavre
dans l'espérance qu'elle y retournerait, mais elle ne reparut pas.
Le 21. elle attaqua sur le grand chemin de S. Chely à Aumont
un Mulatier qui se défendit longtemps, et fut heureusement secouru:
Le même jour elle blessa dangereusement une jeune fille du lieu de
Fau Près de Brion, et la traîna à quelque distance. Le 24 à 7 heures
du soir, une femme du village du Crouzet Près d'Aumont étant devant
sa maison fut saisie par derrière par cet animal, qui lui enleva sa coiffe,
la mordit à l'épaule, et lui déchira sa chemise et sa robe: il lâcha sa
prise à l'approche des gens qui accoururent au secours, et échappa à la
poursuite à la faveur de l'obscurité. Enfin le 25 à 9 heures du matin
il attaqua au milieu du village de Sarole deux enfans qui puisoient de
l'eau à la fontaine. un mâtin sauta sur la Bête et l'abbattit, mais
elle se dégagea et prit la fuite en voiant approcher des habitans qui
la poursuivirent inutilement pendant quelque temps. on voulut mettre le
chien à sa poursuite; mais il refusa de donner.

une jeune fille dan-
gereusement blessée
par la Bête le 21
Février au Lieu
du Fau Près de
Brion.

Le Roi aiant été informé de la bravoure avec laquelle le jeune Portefaix
à la tête de ses camarades avoit attaqué la Bête le 12 Janvier dernier
et voulant récompenser cette action courageuse a accordé 400# de gratifi-
-cation pour cet enfant, et 300# à partager entre ses camarades.

Gazette du 1. Avril 1765.
Extrait d'une Lettre écrite de Montpellier le
22 Mars 1765.
La Bête féroce qui désole depuis longtemps le Gévaudan a échappé
jusqu'àprésent aux différentes chasses qui ont été ordonnées. on doit
encore en faire de nouvelles, et l'on prend toutes les mesures possibles
pour délivrer le païs de ce fléau...... L'aventure du jeune Portefaix

en se rappelle une autre à peuprès semblable et plus extraordinaire
arrivée il y a plus de six mois. Un enfant de 8 à 9 ans fils du nommé
Baraudon habitant de Bergougnoux p.sse de Fontans voiant sa sœur
attaquée et saisie par la Bête féroce se jetta avec une valeur incroyable
Sur cet animal lui arracha sa proie, et le mit en fuite.

Le 14 de ce mois une femme du Rouget étant vers le midi avec trois
de ses enfans sur le bord de son jardin fut attaquée brusquement par la
Bête féroce qui se jetta sur l'ainé de ces enfans âgé de 10 ans, lequel
tenoit entre ses bras le plus jeune encore à la mammelle. La mère
épouvantée alla au secours de ses deux enfans, et les arracha tour à tour de
la gueule de cet animal, qui lorsqu'on lui en ôtoit un, se saisissoit de
l'autre. C'étoit surtout le plus jeune qu'elle attaquoit avec le plus d'achar-
-nement. Dans ce combat qui dura quelques minutes cette femme coura-
-geuse reçut ainsi que ses deux enfans plusieurs coups de tête de l'animal
qui déchira et mit en lambeaux leurs vêtemens. Enfin voiant qu'on lui
enlevoit ses deux proies, la Bête féroce alla se jetter avec fureur sur le 3e
enfant âgé de six ans ou environ qu'elle n'avoit pas encore attaqué
et dont elle engloutit la tête dans sa gueule. La mère accourut pour le
défendre: après avoir fait des efforts inutiles pour arrêter cet animal, elle
monta à califourchon sur son dos, où elle ne put se tenir longtemps; pour
dernière ressource elle chercha à saisir la Bête par une des parties de
son corps qu'elle jugea la plus sensible; mais les forces lui manquant
tout à fait elle fut obligée de lâcher prise et de laisser son enfant à
la merci du monstre. Dans ce moment un Berger appercevant cet animal
qui emportoit l'enfant, accourut armé d'un bâton au bout duquel il
avoit attaché une lame de couteau; il porta quelques coups à la
Bête, mais sans lui pouvoir faire aucun mal: elle sauta pardessus
une haie et un lertre de 10 piés de haut tenant toujours l'enfant dans
sa gueule: le Berger avoit avec lui un mâtin de la plus haute taille,
qui courut après la Bête la joignit à 30 pas de là, et donna dessus

ce quatrieme chien n'avoit encores osé faire; elle laissa alors tomber
sa proie, et se retournant vers le chien, elle l'enleva d'un coup de tête
sans le mordre et le fit tomber à 20 pas delà, apres quoi elle prit la
fuite. L'enfant qu'elle avoit laissé a la lèvre supérieure emporté le
cartilage du nez entièrement mangé, une joüe déchirée, et ce qu'il y a
de plus dangereux, toute la peau de la tête est enlevée, et tombant à
droite et à gauche sur les epaules. Il y a tout à craindre pour sa vie.
L'on se figure l'état de sa malheureuse mere à cet horrible spectacle,
elle arriva accablée de lassitude, le visage baigné de larmes de tendresse
et de douleur, et le cœur partagé entre la joie d'avoir sauvé deux de
ses enfans, et le desespoir de voir le 3.ieme si cruellement déchiré. Cette
respectable mere s'appelle Jeanne Chastan femme de Pierre Jouve. elle
est âagée de 27 à 28 ans d'une complexion très fbible, et même d'une
mauvaise santé; avant cette action elle jouissoit déja de l'estime publique
par sa sagesse et ses bonnes moeurs.
Le Roi informé de la belle et courageuse action de cette femme a ordonné qu'il
lui soit donné une récompense.

Gazette — du Lundi 15 Avril.

Le S.r d'Enneval Gentilhomme de Normandie très exercé à la chasse du
loup, est parti il y a quelque temps avec des chiens dressés à cette chasse pour
se rendre dans le Gévaudan. On a eu avis qu'il avoit vû la Bête féroce
et l'avoit suivie plusieurs fois; ses chiens ont donné dessus avec beaucoup
d'ardeur, mais il n'a pu encores s'approcher d'assez près pour l'attaquer.
Cet animal marche sans cesse, n'a point de retraite connüe, et disparoît
quelquefois pendant 8 ou 10 jours sans qu'on en entende parler. ces
circonstances jointes au mauvais temps et aux difficultés des chemins en
rendent la chasse difficile. cependant il y a lieu de croire que M. d'Enneval
secondé par tous les Gentils hommes du voisinage parviendra enfin à délivrer
le pais de ce fléau redoutable. On n'a cessé de faire des chasses particulieres.
plusieurs étrangers se sont rendus dans le Gévaudan, et joignent leurs efforts
à ceux des gens de la Province pour concourir à cette expédition.   —

Gazette du 10 Mai.

De Montpellier le 25 Avril 1765.

Le Bruit s'est répandu ici et dans les environs qu'on avoit enfin tué
la Bête féroce du Gévaudan; mais ce bruit ne paroit fondé que sur une
méprise. Voici les dernières nouvelles positives que l'on ait eües au sujet
de ce redoutable animal. Il a dévoré le 18 dans la Paroisse de St Paulhac
un enfant de 12 ou 13 ans. Le 21 le S. d'Enneval fit faire une battüe sur
plusieurs Pièses; un des chasseurs rencontra la Bête sous un rocher, elle tint
ferme et sa contenance effraya si fort cet homme qu'il appella à son secours.
Le Curé d'Aumont accourut armé d'un pistolet, mais la Bête s'enfuit à son
approche. Le 22 elle attaqua un jeune garçon et une fille qui furent secourus
à temps. Le 23 elle parut à 8 heures du matin sur les Côtes des Deunières.
Le S. d'Enneval se mit en marche pour lui donner la chasse. Le soir un
homme de la P.sse de la Panouze se rendit chez le Subdélégué de l'Intend.e
de Languedoc, et lui dit qu'il avoit tué la Bête le matin du même jour
du côté de la Panouze, et qu'elle lui avoit été enlevée par des Païsans
qui la lui apportoient. Le Subdélégué monta sur le champ à cheval et
trouva à deux lieües de Mende ces Païsans avec un animal qu'il re-
-connut pour être une louve. Il la fit porter à Mende où il arriva sur
les onze heures du soir. On ouvrit cet animal, et on trouva dans ses inté-
-rieurs plusieurs os de Lièvres ou d'aigneaux, et d'autres qui étoient si rongés
qu'on ne les a pu reconnoître pour être à des corps humains, ou de quelqu'ani-
-mal. on y a trouvé aussi trois morceaux d'un linge très grossier, qu'on a
reconnus pour être des lambeaux du collet d'une chemise de femme, et
deux morceaux d'une étoffe rouge semblable à celle dont on fait des
tabliers dans le canton. ces indices avoient d'abord fait croire que cet
animal étoit la Bête féroce du Gévaudan; mais différens Chasseurs
présens à l'ouverture du cadavre ont assuré qu'il étoit assez ordinaire
de trouver dans les extérieurs des loups des morceaux d'étoffe de Linge, de
cuir et de cordes. D'ailleurs une lettre du S. d'Enneval qui assure qu'on
a vu la Bête le 23 à 8 heures du matin dans la communauté de Deunières
contredit le rapport des Païsans qui ont apporté la louve, et qui assurent

qu'elle a été tuée à la même heure dans la Paroisse de la Panouze éloignée de 5 lieües des Bruniéres. cette Louve avoit été lancée au lever du Soleil
par les habitans de la P[se] d'Arzénes qui la poursuivirent pendant deux
heures entiéres avec leurs mâtins Sans la perdre de vüe; elle s'étoit battüe à
diverses reprises avec les chiens, et en avoit mis deux hors de combat. On lui
avoit tiré dans la poursuite plusieurs coups de fusil; elle arriva presque
forcée à la Panouze, ou elle fut enveloppée et percée d'un grand nombre
de coups de bayonnette. Le Chirurgien a reconnu que c'étoit une jeune
Louve qui n'avoit point encore porté. Sa machoire est très forte quoique
petite, et elle a des defenses très longues et très aigües, son cadavre répan-
doit une odeur insupportable. En attendant que l'on Scache Si cette Louve
est ou n'est pas la Bête du Gévaudan les commissaires du Diocêse
de Mende ont fait donner aux Paysans la gratification accordée à ceux
qui détruisent les loups, et les ont défraiés de leur voiage

Gazette du 17 Mai.

On a appris les détails Suivants par une lettre écrite de Mende le
8 de ce mois. Le 1 Mai à Six heures et demie du Soir. Le Sr Martel
de la Chaumette demeurant à la Chaumette P[sse] de St Alban apperçut
d'une de ses fenêtres dans un pâturage éloigné de Sa Maison d'environ
250 pas un animal qu'il jugea être la Bête féroce du Gévaudan. elle
étoit assise sur le derriere regardant fixement un jeune berger de 15 ans
qui gardoit des bêtes à cornes. Le Sr de la Chaumette avertit deux de
Ses fréres, ils S'armerent tous trois, et allerent à la poursuite de l'animal
qui S'enfuit à leur approche. Deux de ces M[rs] s'étoient allé embusquer
Sur une hauteur au dessus du pâturage, tandis que le 3e marchant droit
vers la Bête la poussa vers le lieu de l'embuscade. Les Srs de la Chaumette
le caset la tira à 60 pas de distance. elle tomba sous le coup, et se roula deux
ou trois fois, ce qui donna le temps au frere ainé de S'approcher et de la tirer à
50 pas: elle tomba une Seconde fois, puis se releva brusquement, et s'enfuit
en répandant beaucoup de Sang. Les trois fréres la Suivirent pendant quel-
-que

quelque temps mais la nuit les obligea de cesser leur poursuite. Le lendemain ils furent joints par les S.rs d'Enneval pere et fils, et par une troupe de chasseurs; ils trouverent la piste et les traces du sang. Le S.r d'Enneval jugea que cette Bête étoit la même que celle qu'il chassoit; mais il ne leur fut pas possible de la rencontrer. Le S.r de la Chaumette qui a vu et tué une grande quantité de loups assure que cet animal n'a qu'une ressemblance très imparfaite avec ceux-cy : selon son rapport il est plus gros qu'un veau d'un an. fort du devant et rétréci sur le derriere avec un museau pointu et allongé, les oreilles droites, et plus petites que celles d'un loup, la gueule béante et énorme, et une raye noire tout le long du dos jusqu'à la naissance de la queüe. enfin sa description est semblable à celle que M. Duhamel en a déjà donnée. Ce récit avoit fait esperer d'abord qu'on alloit être enfin delivré de la Bête qui depuis si longtemps désole le païs, mais on a appris que le lendemain vers les 5 heures du soir une fille âgée d'environ 40 ans avoit été dévorée à 5 lieües de la Chaumette. ce nouveau malheur fait craindre que l'animal qui a dévoré cette fille, ne soit autre que celui qui avoit été blessé la veille.

Gazette du Lundi 3 Juin.
Extrait d'une lettre écrite de Clermont en auvergne
Le 28 Mai 1765.

L'inaction de la Bête féroce en Gévaudan avoit fait croire pendant quelque temps qu'elle etoit morte dans quelque ravin ou sous quelque rocher des blessures qu'on prétend qu'elle a reçues les 1 et 6 de ce mois. mais cette espérance vient de s'évanouir, et l'on apprend qu'elle continüe ses ravages avec autant de fureur que jamais. le 19 elle dévora une fille dans les Bois de Servilanges. le S.r D'Enneval informé de ce nouveau malheur s'y transporta aussitôt sur les lieux, et empoisonna le cadavre; mais il marque qu'il ne compte plus sur l'effet de ce moyen, parcequ'les habitans du païs font des loges dans les environs, et se postent en trop grand nombre, malgré tout ce qu'on peut faire pour les en empêcher, ce qui épouvante la Bête féroce, et l'empêche de revenir sur sa proye. On a fait plusieurs battües

depuis le 16 de ce mois sans pouvoir la trouver. On en a du faire
deux autres, l'une indiquée pour le 24 et l'autre pour aujourd'hui. Le
Dans celle du 16 on tua une Louve et 8 Louveteaux, et le 19 un Loup.
La Bête féroce fut apperçüe le 22 sur les 4 heures du soir auprès du
Malzieu. Plus de 50 personnes la poursuivirent, et lui firent passer
La rivière; un chasseur la tira à 20 pas, et crut la toucher; mais elle
gagna la montagne, et il ne fut plus possible de la retrouver. Le 24
elle dévora une fille à Marvel, et une autre à S. Privat en Auvergne.
Le même jour elle attaqua à Marsillac une fille à qui elle ne fit aucun
mal; un jeune garçon de 14 ans vint au secours de cette fille, et
enfonça dans le flanc de la Bête une bayonnette qu'il retira ensanglantée.
Ce terrible animal rentra dans les Bois de Clavières: on sonna le Tocsin
dans la Paroisse qui s'assembla et fit l'enceinte du Bois; mais on ne put
rencontrer la Bête, ni découvrir par où elle s'étoit échappée.

Gazette du 10 Juin
Versailles le 8 Juin.

Le Roi informé que la Bête féroce continüe de faire des ravages dans
l'Auvergne et le Gévaudan s'est déterminé d'envoyer dans ces Provinces
le Sr. Antoine Lieutenant des Chasses de S. M. avec plusieurs bons tireurs
et des limiers pour donner la chasse à ce redoutable animal.

Gazette du 4 8bre

Cette Gazette annonce la prise de la Bête féroce qui désoloit le Gévaudan et l'Auvergne tuée par M. Antoine le
20 7bre. Comme cet article ne contient rien qui ne se trouve
détaillé plus au long dans le Procès verbal du Sr Antoine
imprimé à Clermont et dont on trouvera la Copie à la
fin de ce recüeil, j'ai cru inutile de le transcrire. La seule
chose qu'on y apprend c'est que le corps embaumé de ce loup
a été apporté en poste par le S. Antoine de Beauterne
fils, et présenté à Sa M. à Versailles le . . . .

Gazette du 25 8bre
Paris le 25 8bre
Depuis la destruction du Loup tué le 20 7bre dernier par le S.

Antoine, personne n'a été attaqué par aucune Bête carnassière dans le Gévaudan ni l'Auvergne, ce qui fait juger que c'est ce même Loup qui a fait les ravages dont ces Provinces ont été affligées. Il étoit resté une Louve et deux Louveteaux; deux des Gardes dont le S. Antoine est accompagné ont blessé il y a quelque temps un grand Loup qu'ils avoient pris pour la Louve et qu'on croit être mort, attendu la quantité de sang qu'il a laissé sur ses traces en fuiant, mais dont on n'a pu reprendre la voie. On tira dans la même chasse l'un des deux Louveteaux qui est allé mourir sous une carrière de rochers; mais on ne voulut pas tirer l'autre afin de ne pas perdre la mère de vüe. Le S. Antoine aiant été averti le 13 de ce mois que cette Louve et son Louveteau avoient dévoré 6 moutons il se rendit à l'abbaye des Chazes où les Gardes les avoient déjà détournés dans une même enceinte. Au premier coup de trompe la Louve a débuché. Le nommé Regnaut Garde-chasse, l'a chassée pendant près de deux heures avec les chiens, et enfin l'a tirée et blessée, elle s'est enfuie dans l'enceinte et à 20 pas ou environ de l'endroit où le S. Antoine tua le Loup il y a environ un mois, et là elle a été tuée par deux Paisans de Langeac. Elle a 26 pouces de hauteur. On espère que le Louveteau qui reste ne tardera pas à être détruit. Les neiges commencent à tomber avec abondance.

Gazette du 1. 9bre
Paris le 1. 9bre

Le Louveteau qui étoit resté dans les Bois de l'abbaie des Chazes en auvergne après la destruction de la Louve et du 1er Louveteau a été enfin tué le 17 du mois dernier. Le S. Antoine aiant rempli l'objet de son expédition s'est mis en route pour revenir ici avec tout l'équipage de chasse qu'il avoit amené avec lui et les Gardes dont il étoit accompagné.

Courier D'Avignon.

Du 16 9bre 1764.

Paris le 8 9bre

Novembre.
1764.

Du 8 de ce mois
30 personnes de-
vorées par la
Bête féroce.

On écrit du Bas-Languedoc qu'une Bête féroce qui a dévoré au Langue-
-doc 22 personnes s'est jettée du côté de Mende où elle en a encore
dévoré 8. L'Évêque de Mende Sensible aux allarmes que ce cruel ani-
-mal a répandu dans les D'oises a fait dissiper puis journellement un bon
nombre de paisans pour tâcher de la détruire. On lui a tiré plusieurs
coups de fusil, mais ils n'ont fait qu'effleurer la peau, et lui arracher une
partie de sa fourrure. Cette Bête est plus grosse qu'un chien, bien des
gens la croient une hiene, et d'autres une Panthère qui s'est échappée
à son conducteur. Mr. Duhamel Capitaine aidemajor au Régiment des
Volontaires de Clermont est à sa poursuite avec 50 Dragons et 1200
Paisans.

Courier du 23 9bre
de Paris le 15 9bre

On parle beaucoup de la Bête féroce qui rendit ou ravissait les Prigan-
-te depuis quelque temps le Gévaudan et le Vivarais, surtout dans les
environs de Langogne et de Pradelles. elle commença dès le mois de
Juin à dévorer quelques personnes, et continuant ce carnage jusqu'au
mois d'octobre, elle en a mangé 34 dans le voisinage de ces deux villes
la plupart jeunes garçons et jeunes filles de 14 à 15 ans. Mr. Duhamel
commandant à Langogne les Volontaires de Clermont, à la tête de 4
compagnies de ce Régiment, et de plusieurs habitans des villages circonvoisins fit quelques chasses pour tâcher de la détruire, mais sans autre
succès que de la faire éloigner au delà de Mende: elle est actuellement
ou du moins elle étoit lorsque l'on a écrit dans les Bois de S. Chely
et de Malzieux, où elle a encore dévoré 8 personnes presque tous bien
faits. De tous les cadavres qu'on a trouvé elle n'avoit mangé que le
cœur, les foye, les intestins, avec partie de la tête, et laissé le reste.
les Syndics du Vivarais et du Gévaudan ont fait publier chacun une

une récompense de 400.ͬ à quiconque tuëra cet animal. on varie beaucoup sur sa figure et son espèce. un hôte de Langogne qui l'a vu et à qui la frayeur de savie a causé une maladie, l'a dépeint barré, long, d'une couleur fauve, une raye noire sur le dos, la queuë longue, les griffes fort grandes. un curé qui l'a chassé à la tête de ses Paroissiens, et qui dit l'avoir vu 3 fois la représente long, gros comme un veau d'un an, de même couleur, la raye noire et le museau long comme celui d'un cochon. d'autres païsans le figurent à peu près de même, excepté qu'ils lui donnent une tête de chat.

Courier du 30 9bre

Paris le 22 9bre

La Bête féroce qui a commencée ses ravages dans le Diocèse de Mende près des Villages des Ybais et de S. Laurent des Bains, et les a ensuite continués entre Mende et Marvéjols est encore malgré tout ce qu'on a pu faire pour la détruire. Elle intimide à tel point les païsans, que les uns n'ont osé la tirer quoique de loin, et les autres ne l'ont fait que d'une main tremblante et

mal-assurée. Sa taille est d'ilon, de 3 piés de hauteur et fort longue, son dos d'un gris obscur avec une raye noire, son ventre rougeâtre, sa tête fort grosse, son museau allongé, sa queuë très longue, son poil presque ras. Il prend par derrière ceux qu'il attaque, peutêtre paroeque personne n'ose lui faire face; il se dresse sur ses deux pates de derrière, étrangle et terrasse avec les deux autres. Il est si avide de sang humain qu'il mange jusqu'à la tête qui en est abreuvée, les uns disent que c'est une Hiéne, d'autres un Léopard, d'autres un tigre, d'autres un Loup cervier. D'autres enfin que ce pourroit être un Singe, opinion fondée sur le rapport d'une Dame Américaine mariée dans ce pais, qui dit que dans le sien il y a des singes pareils qui sont très redoutables, ce qui paroît assez s'accorder avec sa manière de se dresser sur ses deux pattes de derrière. Le C.te de Forbin dit dans ses Mémoires qu'en se trouvant au retour de Siam sur les côtes de Malaca il avoit tué à la chasse un singe qui venoit à lui pour le dévorer dont la figure qu'il dépeint ressemble assez à celle de la Bête féroce.

— Courier.

Courier du 8 Janvier 1765.

De Mende le 26 Xbre

Janvier.
1765.

Le Bruit qui avoit couru que la Bête ferocee etoit morte n'est que trop
démenti. Un Dragon des volontaires de Clermont, et l'un de ceux de la
Compagnie qui a été détaché pour poursuivre ce terrible animal se rendit

Fille de 12.
ans dévorée
le 22 Xbre
Pisse du Tau
de Lape. Dioc.
de Mende.

ici le 22 de ce mois pour annoncer qu'une jeune fille de 12 ans avoit été
dévorée la veille dans la Paroisse du Teau de Lape de ce Diocese; à
cette nouvelle la Compagnie de Dragons se rend incessamment sur la
place, dans l'esperance de voir l'animal et de le tuer, se fondant sur ce
qu'on avoit oüi dire qu'il ne manquoit pas de revenir à la place ou
il avoit fait son coup 24 heures aprés pour licher le sang des personnes
qu'il avoit dévorées; mais elle se garda bien d'y revenir. Comme elle n'avoit
fait périr personne depuis le 25 du mois dernier qu'elle dévora une
jeune fille de la Pisse d'Arnaut aussi de ce Diocese, on la croit écarteé
du Gévaudan; mais le nouveau coup qu'elle vient de faire a renouvelleé
la consternation parmi les gens de la campagne.

Depuis le 25. 9bre
jusqu'au 21 Xbre la
Bête feroce n'a fait
aucun carnage

Courier du 15 Janvier.

De Mende le 2 Janvier.

Fille de 19 à 20
ans dévorée le
27 Xbre à 2
Lieües de Mende

La Bête feroce dévora le 27 du mois dernier une fille de 19 à 20 ans
à Bounesol Pisse de Rieutort de Randon à 4 lieües d'ici. Le lendemain
elle parut au Boire de S. Martin de Born qui n'est éloigné de nous que
de 5 quarts de lieüe, elle épioit une fille de 12 ans, et se preparoit
à s'élancer sur elle, l'enfant l'aiant apperçuë courut à son pere, en
criant voici la Bête, mon pere, defendez-moi, le pere épouvanté n'ai-
-ant pour arme qu'un gros Bâton, eut beaucoup de peine à défendre sa
fille en s'écrimant de son mieux contre la Bête, qui la lui auroit enfin
enlevée, si les Bêtes à cornes que cet hôe faisoit paitre n'eussent venües
à son secours. ce combat avoit duré prés d'un quart d'heure pendant lequel
cet hôe tenoit sa fille d'une main et faisoit joüer le bâton de l'autre.
c'est de lui même qu'on a sçu cette aventure, dont il alloit faire le rapport
à M. de Courbieu Chevalier de S. Louis Baillif et 1er Magistrat de
notre ville. Ces deux nouveaux évenemens effraient si fort nos ha-
-bitans de notre ville.

Consternation et
frayeur des gens
de la campagne.

habitans, et ceux des lieux circonvoisins qu'ils n'osent voyager ni marcher
en campagne que par troupes.

Courrier du 18 Janvier
de Marvejols le 4 Janvier.

Il ne se passe guères de jours que la Bête féroce errante dans nos cantons
ne dévore quelqu'un. hier on lui lâcha un coup de fusil, mais elle ne fut
qu'effleurée, et il ne resta sur la place qu'une poignée de poil que l'on trouva
très puant; on l'a reconnüe encore des yeux depuis peu de temps: elle est
Description de
la Bête
de la grandeur d'un veau d'un an. Sa tête a un pied de largeur sur le
devant, Son poitrail est aussi large que celui d'un cheval. on l'entend Souvent
hurler la nuit, et Son cri est précisement celui d'un âne qui brait. Il se con-
On la dit ac-
-compagnée d'une
autre
-firme plus que jamais qu'elle est accompagnée d'une autre Bête. Un Paisan
de nos cantons a assuré les avoir vües toutes deux ensemble, celui que l'on
tira hier est le plus gros.

Courrier du 22 Janvier.
de Mende le 9 Janvier.

La Troupe des Volontaires de Clermont qui étoit à S. Chely est actuellement
à la poursuite de la Bête féroce. ce cruel animal continüe Ses ravages, et
a tout recemment dévoré un hôe entre S. Chely et la Garde Sur la route.
Mandement de Mr de Clermont
L'Evêq; de Mende
au Sujet de la
Bête féroce pour
ordonner des
Prières publiques
et l'Exposition
du S. Sacrement.
Mandement de Mr de Clermont. M. nôtre Evêque a fait un Mandement pour ordonner des
Prières publiques, et Dimanche dernier 6 de ce mois, le S. Sacrement
fut exposé dans la Cathédrale.

De Rhodez, le 9 Janvier.

au commen
-cement de Jan-
-vier la Bête se
montre dans
le Roüergue
et les environs
de Rhodez qui
est à 17 lieües
de Mende —
La Bête féroce s'est montrée dans le Roüergue, à Aubrac, à S. Genès,
à Bournetal, à S. Côme et à Espalion. elle a dévoré dans le Bois de
S. Côme à 4 lieües d'ici une Bergère de 18 ans célèbre par sa rare beauté.
Bergère de 18 ans
dévorée à S. Come,
à 4 lieües de Rhodez
au commencem.t de
Janvier.

Courrier du 25 Janvier.
de Paris le 7 Janvier

On mande de Barkangaede que M. Duhamel Officier des Volon-
-taires de Clermont détaché à la poursuite de la Bête, vient de faire un
dernier effort pour la faire périr; mais que son trop d'ardeur a fait
échoüer l'entreprise. après avoir posté ses Dragons à pied et à cheval

en lui criant à la Bête, au lieu de rester à son poste, cōē il parut ensuite qu'il auroit du faire, il courut pour aller à elle, ne soupçonnant pas
qu'elle vint à lui, mais il eut aussitôt la douleur de la voir passer à
l'endroit qu'il venoit de quitter. Deux Dragons à cheval devant qui elle
passa lui tirèrent leurs pistolets et l'ayant manquée la poursuivirent le
Sabre à la main pendant 3 quarts de lieüe, croyant toujours poursuivre la
Bête, car les chevaux lui tenoient pied, et elle n'en étoit jamais qu'à 3 ou
4 pas, ce qui fait voir qu'elle n'est pas aussi vite qu'on l'avoit dit, mais une
muraille se trouvant sur son passage, elle la franchit, quoiqu'assez haute,
et beaucoup trop pour que les chevaux pussent la franchir de même. mais
Après ce saut elle se jetta dans un marais, et delà dans un Bois voisin.
Les Dragons qui l'ont poursuivie disent qu'elle est grande cōē les plus grand
chiens de Paris, extrêmement velüe et couleur brune, le ventre fauve la
tête fort grosse, deux dents très longues qui lui sortent des deux côtés de la
gueule, les oreilles courtes et droites, la queüe fort tannée, qu'elle dresse
beaucoup en courant. Cette chasse a été faite dans le courant de Xbre.
cōē cette Bête a toujours montré une préférence marquée pour la chair
des femmes, (car elle en a dévoré 42 depuis son apparition) on va faire
habiller en femmes quatre jeunes Dragons qui seront bien armés sous
leurs juppes et accompagneront les enfans qui gardent des Bestiaux.

Courier du 2e Janvier

De Mende le 18 Janvier.

Trois hōes qui rencontrèrent la Bête hier au Pont appellé d'Arzisac
dans la P[aroi]sse de Laubies de ce Diocèse ayant chacun une Bayonnete au
bout d'un bâton eurent bien de la peine à s'en défendre tant elle avoit d'
agilité et de souplesse pour parer les coups qu'ils lui portoient, réglant
tous ses mouvemens sur ceux qu'ils faisoient pour la picquer. Sautant
en haut, s'abattant à terre, se retournant à droite, et à gauche &c
La Compagnie de Dragons est revenüe de Bourgogne, elle est à St Chely,
L'officier qui la commande, se donne tous les mouvemens possibles, et
n'oublie rien pour nous délivrer de ce monstre.

— Courier —

Courier du 5 Février.

Marvejols le 27 Janvier.

Février. Un particulier gros, grand, et robuste qui cherchoit le long d'un Bois la Bête féroce avec un fusil bien chargé l'aiant tout à coup apperçüe à 6 pas de lui, et la voiant coé à l'afût et se disposant à la faire fut si déconcerté de son apparition qu'il oublia qu'il avoit un fusil, et se mit à s'enfuir en criant au Secours. Quelques jours après un Païsan rencontra cette formidable Bête, il étoit à cheval, et avoit coé ils ont tous à présent une espèce de poignard au bout d'un bâton; il mit pied à terre, et alla sur elle, mais il ne put jamais l'atteindre; elle fit avec lui coé elle a toujours fait avec tous ceux qui ont osé la combattre, et par un saut en arrière à chaque coup qu'il vouloit lui porter, elle les évita tous. Le 20 à 5 heures du soir, elle s'élança dans un jardin, malgré l'obstacle du mur, qu'elle franchit avec une légéreté surprenante: il y avoit là 3 enfans, elle saisit une fille de 11 ans, et l'emportoit; mais le poids de sa proye qui lui rendit le mur plus difficile à franchir, les cris des enfans, et autres personnes qui accoururent au secours de la fille, tout cela fut cause qu'elle la laissa tomber, et n'osa revenir pour la reprendre. Le 22 elle mangea une femme au Village de Julianges sur la montagne de la Margeride. Le 24 elle passa à Frasiala; un hoe l'aiant vüe, prit son fusil, la suivit, et la vit monter au haut d'une petite montagne, et se posta si bien qu'en descendant, elle lui passa à 10 pas, mais par malheur son fusil rata, c'est la seconde fois que cela est arrivé.

Courier du 12 Février

De Mende le 31 Janvier

La Bête féroce dévora la semaine dernière une jeune femme entre eStablieu et S. Chely deux villes qui ne sont qu'à une lieüe l'une de l'autre.

Courier du 19 Février

De Mende le 8 Février.

La Bête féroce enhardie par la longue impunité dont elle joüit ne craint point de se montrer dans les lieux les plus fréquentés, au bord des Bois, dans les hameaux, dans les villages, et sur les routes les plus battües; il ne se passe presqu'aucun jour que nous n'apprenions par des personnes dignes de foi

quelques exploits de sa façon. le Jeudi 31 Janvier, elle surprit et enleva un enfant dans la P[ar]sse de Javols; le pere se trouva heureusement à portée, courut aprés elle, l'atteignit et lui fit lâcher prise. le
2 du courant 5 Païsans allant à la Messe à Rieutort de Randon
cheflieu de la P[ar]sse la rencontrerent: elle se mit ventre à terre com-
prenant l'essor pour les assaillir; mais com ils étoient tous armés de
gros bâtons, et qu'ils se disposoient à en faire usage, elle évita un
combat désavantageux et s'enfuit. le lendemain Dimanche elle s'montra à St Amand P[ar]sse de ce Diocèse pendant la grand'e Messe, et que
tous les P[ar]ssiens étoient assemblés dans l'Eglise, mais com ils
avoient eu la précaution d'enfermer leurs enfans à clef dans leurs maisons, elle ne trouva à qui se prendre et se retira sans faire aucun
mal. M. de la Fond nôtre Subdélégué et Syndic de ce Diocèse a-t-
écrit une lettre circulaire à tous les Consuls des Communautés de
son ressort, afin que tous les habitans de chaque lieu s'assemblent pour
une chasse générale, à la tête de laquelle il se mettra lui même.

<h3>Courier du 26 février.</h3>
<h3>Paris le..........</h3>

On écrit de Malzieu dans le Diocèse de Mende, qu'il se fit le 7 du
courant une chasse générale d'environ 100 P[ar]sses. celle de Malzieu y
fournit seule 400 hoes. cette troupe se mit en marche à 5 heures du
matin commandée par M. Duplan chev[alie]r de S[t] Louis Porte-étendard des
Gardes du Roy compagnie de Noailles, et fit les manœuvres les plus
pénibles et les plus multipliées, ne laissant pas le plus petit terrain
de la P[ar]sse à battre, quoique le district en soit fort étendu et fort monta-
gneux. mais ce fut sans autre succés que de rencontrer sur la neige
la piste de la Bête que les chasseurs de la P[ar]sse de Prunieres avoient
poussée dans celle de Malzieu, l'obligeant plustôt qu'il ne falloit et
contre le plan concerté à passer la riviere de Truiere. car selon l'ordre
de la chasse cette riviere qui coule du midi au nord devoit être le rendez-
vous de tous les chasseurs sur la fin du jour; et l'on devoit s'y avancer
en battant par ordre, les uns toutes les P[ar]sses qui sont à l'Orient de cette

rivière, les autres toutes celles qui sont au Couchant. par ce moyen la
rivière étoit bordée des deux côtés de Chasseurs, la Bête s'y seroit trouvée
entre deux feux, et n'auroit pas sorti de l'enceinte saine et sauve coü
elle a fait. Deux Chasseurs de Malzieu qui suivirent Sa piste à deux
lïeües de leur poste; l'aïant enfin rencontrée lâchèrent, le fusil de l'un ne
put faire feu à cause de l'humidité; celui de l'autre prit; mais n'étant
chargé qu'avec d'assés gros plomb, il ne fit sur la Bête qu'une assés légère
sensation qu'elle manifesta par un cri redoublé. Deux jours après cette
chasse générale elle dévora à la Pardelle fille de Malzieu un jeune
fille âgée de 12 ans, lui sépara toute la tête du corps, lui mangea
toute la partie Supérieure à la clavicule Sans toucher au reste du corps
pas même aux vêtemens, et cela en Si peu de temps, qu'un Païsan ne
fort peu éloigné de cette fille la vit abandonner Sa proye, et emporter la
tête, qu'on trouva à plus de 300 pas, Si décharnée qu'on n'y appercevoit
pas la moindre trace de peau ni de chair, la langue mangée, et le Ba-
lain rongé. A cette nouvelle le Consul de Malzieu, et deux païsans se
rendirent Sur le lieu pour garder le corps à vüe dans l'espérance que
la Bête y reviendroit, mais elle ne parut point. le lendemain Dimanche
la Bourgeoisie et les habitans toujours Sous les ordres de M. Dufas se
rendirent à 4 heures du matin Sur le même lieu, et après avoir posté des
Sentinelles dans les endroits les plus favorables, le reste de la troupe
battit tout le terrain glissant les ruisseaux, grimpant les rochers à travers
les neiges et les glaces jusqu'à 3 heures du Soir, tandis que le chapelain
célébra avec Solemnité et avec le concours du reste des Paisans une Messe
particulière pour le Succès de cette chasse qui n'eut cependant aucun que
de harasser les chasseurs. le 11 il Se fit encore une générale, où y observa
le même ordre, et elle ne fut pas plus heureuse.

De Marvejols le 17 Février.

les 10 de ce mois la Bête féroce dévora une fille de 19 ans; près
la ville de Malzieu. des chasseurs passèrent la nuit auprès du cadavre,
mais elle ne reparut point. le lendemain 11 on fit une chasse générale
où l'aiant levée, un païsan la tira, mais il l'a manqua. les habitans
— d'un

d'un village la poursuivirent jusqu'auprès d'un autre appellé le Puy de
Peyre; mais la nuit qui survint termina cette inutile poursuite. La
Bête passa la même nuit auprès de ce dernier village, et s'y annonça
par des cris fort approchans de celui d'un âne, côe on l'a déja observé, ou
plustôt d'un poulain. Toute la noblesse du pais assista à cette chasse
qui étoit commandée par Mr le Comte de Morangiès Maréchal de Camps.
Les 14 la Bête se fit voir à Grandval, elle y poursuivit un enfant, et
l'atteignit devant la porte de sa maison, mais son pere étant sorti à
ses cris empêcha qu'elle ne lui fit aucun mal, quoiqu'elle l'eût déja cul-
-buté par terre. Tous les habitans du village poursuivirent la Bête
jusqu'à une petite riviere qu'elle passa toute droite sur ses pattes
de derriere, et tout de suite elle fut à un autre village qu'on appelle
Penareyre, et y dévora un enfant sans aucun empêchement. Le temps
est si mauvais depuis quelques jours qu'on n'a pu continuer la
chasse; dès qu'il sera remis au beau, tous les chasseurs se mettront en
campagne.

Il y a quelque temps qu'une servante demeurant dans un endroit appellé
l'Estival fut à l'entrée de la nuit pour serrer quelques bestes à corne qui
paissoient dans un pré visàvis de sa maison; tout à coup la Bête s'élança
sur elle de plus de 8 pas de distance, et la prit par son tablier; cette fille
venoit par hazard de ramasser un petit bâton, elle lui en donna un coup
sur le nez qui la fit reculer en arriere. La Bête revint plusieurs fois à elle,
et cherchoit à la tourner, mais elle mania si bien son bâton, qu'elle la
mit en fuite, après quoi elle la poursuivit à coups de pierres.

Courier du 8 Mars
De Mende le 26 Février

La Bête féroce continue toujours ses ravages malgré les mouvemens
que M. de la Font subdélégué ne cesse de se donner pour sa destruction.
Le 21 de ce mois le S. Bonavel aubergiste de Chanac conduisant à
Rumont quatre Mulets chargés de Merluche, et autres provisions de
Carême fut assailli par elle, et sans les secours de son fils qui le
suivoit de près, il en auroit été dévoré. Le lendemain 22 le monstre

accrocha un jeune enfant à la Psse de Javol, mais on le lui enleva
de la gueule dangereusement blessé. Il est arrivé à S. Chely ville de ce
Diocèse plusieurs Chasseurs de Normandie sous le commandement de
deux Gentilshoes de cette Province avec 8 gros chiens Danois; ces Mrs
se reposent actuellement les prain, et commenceront ensuite leur chasse
dont on se promet un heureux succès.

Courier du 12 Mars

De Marvejols le 1 Mars.

Deux Gentilshoes de Normandie sont arrivés avec* 8 chiens qui ont 28
pouces de hauteur pour chasser la Bête féroce, cependant elle continue
toujours ses carnages. Le 23 février elle attaqua au Tixier Psse
d'Aumont une femme qui heureusement fut secourue à propos. Le 24 elle
surprit deux enfans du Moulet Psse de Javols près d'une fontaine où
ils avoient été puiser de l'eau, un d'eux avoit une bassine avec laquelle
il se défendit; un chien de Parc qui survint sauta sur la Bête, et la prit
au vol; mais tout de suite il la lâcha, et sauta en arrière, et ce fut en
vain qu'on voulut l'obliger à retourner sur elle. La Bête le contempla
un instant, et le méprisa quoiqu'il ne fut point méprisable, car il est
fameux pour ses exploits contre les loups, et il en a terrassé autant qu'il
en a trouvés. Son refus de retourner sur la Bête peut-être un effet de la
sensation que fit sur lui la mauvaise odeur qu'on dit qu'elle exhale.

*Il n'en avoit que 6 dont 4 à lui, et deux à M. de Montesson Gentilhomme du Pais du Maine, qui lui avoit donné aussi un valet de limier pour l'accompagner.

Courier du 22 Mars.

De Saugues dans le Gévaudan le 11 Mars.

Depuis la fin de Xbre la Bête féroce n'a pas quitté les environs de cette
ville qui est à 9 grandes lieues de Mende, la Montagne de la Margeride entre deux. Dans les 1ers jours de Janvier elle surprit au lieu de Fatzet
Psse de Chanaleilles un enfant de 14 ans, près d'un petit bois à 50
pas de sa maison; elle lui coupa la tête, et de peur d'être surprise à la
faveur des arbres qui auroient pu lui cacher les survenans, elle porta le
corps à 150 pas delà, au milieu d'une prairie d'où elle pouvoit découvrir
le péril de loin, et voiant venir du monde elle arracha le bras de sa victime et l'emporta. Quelques jours après arriva le combat des 5 petits enfans
qui a tant fait de bruit; ce combat se passa à 11 heures du matin, et à 3
heures.

Enfant de 14 ans dévoré dans les 1ers jours de Janvier Psse de Chanaleilles.

heures après midi du même jour, elle dévora un enfant de 13 ans *aventures du petit Portefaix.*
au village du Mazel P.sse de Grezes. Trois jours après elle attaqua
un h.me fort et robuste qui gardoit les vaches du même village du Ma-
-zel armé d'un fusil qui fit faux feu sur la Bête. il se défendit à coups
de bourrade; alors la Bête tourna autour de lui avec tant de vitesse
que cet h.me fut obligé de tourner c.e sur un pivot: il étoit prêt à tomber
étendu lorsque une de ses vaches fut à son secours, et à grands coups de tête
sur la Bête la fit fuir, et la suivit plus de 3 voyes, ce qui donna le temps
à cet h.me de se remettre. il en est cependant encore bien malade. Le 6 février
elle dévora un enfant au village de la Bastide P.sse de Ventuejol. on
ne s'en apperçut que lorsque la Bête fut hors du village. On courut
après, elle gagna un bois à 500 pas delà, on ne trouva que la tête de
l'enfant, et quelques morceaux de ses habits. Le 8 on fit une grande chasse,
on battit un Bois appellé Sauvage et dans le même temps qu'on battoit
la Bête dévoroit une fille de 14 à 15 ans à trois quarts de lieüe delà.
le 12 elle attaqua à Auvert le valet d'un Gentilh.me verrier qui coupoit
du Bois à 30 pas de la verrerie. M. de la Vedrine, c'est le nom du Gen-
-tilh.me, accourut au secours avec son fusil; la Bête se retira à son ap-
-proche, il lui tira à 60 pas, et lui blessa une jambe de derrière: on la
dit à présent boiteuse; plusieurs Bergers qui l'ont vûe l'attestent. le 25
elle passa encore à Grezes, nombre de Paisans s'armèrent, la suivirent
à la piste sur la neige jusqu'à la nuit, et s'apperçurent qu'elle traînoit
une jambe. Personne ne l'a vûe depuis ce jour 25 jusqu'au 8 Mars, et l'on
se flattoit d'en être délivré; elle reparut ce jour au village de Villaret où se
passa le combat des enfans. Tout le village s'assembla, mais il se contenta
de la suivre de l'œil, jusqu'aux Bois du Pouget, et des Plantabes. on
a cru reconnoître que la Bête dont on l'a vûe souvent accompagnée, est
un chevreüil; mais quelle apparence qu'elle se soit associée à un animal
d'espèce aussi différente?

       Courier du 26 Mars
       Paris le 16 Mars.

Les lettres de Mende du 12 de ce mois nous annoncent que le 11 sur les
3 heures après midi la Bête féroce enleva au village de Malavieillette

P[aroi]sse de Fontans une petite fille de 3 ans devant la porte de sa maison, et que deux heures après elle attaqua près du Château de S. Alban appartenant au C[t]e de Morangiès un jeune h[omm]e de 19 à 20 ans, mais sans lui faire, heureusement d'autre mal que beaucoup de peur, soit qu'il se soit défendu, soit qu'il ait été promptement secouru, et que les lettres ne disent point. À propos de cette cruelle Bête on se rappelle que nôtre histoire fait mention d'une à peu près semblable qui existoit il y a environ 200 ans, et qui dévora plus de 150 personnes dans la forêt de Fontainebleau avant qu'on pût la détruire, ce qui rend plus concevable la longue durée des carnages de la nôtre.

De Marvejols Le 17 Mars.

Les neiges qui ne sont pas fondües ont empêché M. d'Ennéval Gentilh[omm]e de Normandie envoyé par le Roy pour donner la chasse à la Bête féroce de commencer ses opérations. La Bête continüe ses ravages. Le 14 elle se montra à l'Estival; une femme ouvrant à la pointe du jour la porte de sa maison la vit à la pas delà, et s'écria à tous ses gens, Si vous voulez voir la Bête, levez vous; Ils la virent en effet, mais elle prit aussitôt la fuite. On avertit M. Boucheraud de l'Estival qui a sa maison à côté, un des meilleurs tireurs du païs. Il se leva, prit un domestique avec lui, se mit à la suivre sur la neige, ce qu'il fit à lieües de chemin malgré un temps affreux, mais son domestique s'étant trouvé mal de fatigue, il fut obligé de l'abandonner.

Courier du 2 Avril.

On lit dans cette Gazette l'aventure de cette femme du Rouget qui le 14 Mars combattit si courageusement avec la Bête féroce pour sauver ses enfans, rapportée dans la Gazette de France du 1. Avril, avec quelques différences dans les détails. p. ex elle dit que la Bête féroce fit sauter d'un coup de nez à l'enfant qu'elle avoit attaqué le premier, un mur et une haye qui avoit au dedans du jardin 3 ou 4 pieds de haut, et environ 7 en dehors, et que tout de suite elle passa par un trou qui se

trouvoit au pied de ce mur, que lors qu'elle passoit, La mère
La saisit par une jambe de derrière ce qu'elle pouvoit faire sans
danger, attendu que la Bête ne pouvoit pas se retourner, et
qu'elle fut bientôt obligée de lâcher prise, parce que les forces
lui manquèrent ...... qu'elle passa ensuite par dessus le mur
avec l'aîné de ses enfans âgé de 10 ans .... qu'un chien de
parc les suivit, et prenant le train de la Bête qui déjà avoit
emporté l'enfant à 150 pas, la joignit et se jetta dessus, mais
que d'un coup de nez elle l'envoya tomber à quatre pas delà.
que l'enfant qu'on ramena à la maison ne vécut que 3 jours.
Le Courier place la Scène à La Bessière, qui, dit-il, est une
maison seule auprès de S. Alban, habitée par cette femme.

Courier du 9 Avril.

Paris Le 30 Mars.

Fille âgée de
30 ans dévorée
Le 9 Mars à
Ruines en
auvergne

Selon ce que l'on mande de Malzieu dans le Diocèse de Mende
une fille âgée de 30 ans se retirant le 9 de ce mois à 5 heures
du Soir fut attaquée auprès de Ruynes en auvergne par la Bête féro-
-ce, et quoique forte et robuste, armée même d'une pelle et d'un hoiau,
elle fut égorgée à très peu de distance de son père qui venoit après elle.
M. de la Bessière avocat en Parlement, établi à Malzieu, mais qui
se trouva à Ruynes lieu de sa naissance, se transporta aussitôt sur le
lieu accompagné de son frère et de ses domestiques. La Bête n'avoit eu
que le temps de lui faire trois ouvertures à la jugulaire, et de lui sucer
le sang. M. de la Bessière et ses gens gardèrent Le corps toute La nuit
dans l'espérance que La Bête s'y rapprocheroit, mais elle ne reparut
que le lendemain dans l'endroit, après qu'on eut enterré Le cadavre, et
qu'on se fut retiré. Le 14 jour qu'elle attaqua Les enfans de La femme
courageuse de La Bessière, elle avoit diversement bataillé; aiant passé
La rivière de Trévize à S. Léger en Gévaudan, elle attaqua à Al-
-baret Ste Marie un jeune garçon à la porte de sa maison, et L'auroit

dévoré, si le Curé et d'autres habitans ne l'eussent intimidé. furieux
d'avoir manqué son coup, et d'être encore poursuivie dans sa retraite,
elle attaqua, terrassa, et égorgea autant d'animaux qu'elle en rencontra.
elle mit en pièces un cochon et un mouton de pur carnage sans les dévorer,
ni même en goûter. continuant sa marche et toujours furieuse, elle
attaqua à Prunières un autre jeune garçon qu'on lui enleva de force.
elle repassa la rivière de Crévice, et se rendit sur les 3 heures à las de
Besseyre Ptte de S. Alban ou se passa la Scène fameuse dont il
a été tant parlé. le même jour à l'entrée de la nuit, elle attaqua
et dévora sans obstacle un autre jeune garçon dans la Ptte de
Chanaleilles. la Bourgeoisie de Malzieu se mit en marche le lendemain pour la poursuivre, mais ce fut inutilement. M. d'Enneval
n'a pas été plus heureux, du moins jusqu'au 18, puisqu'on marque
qu'à cette date, il avoit battu depuis deux jours certains endroits ou
on avoit vu la Bête, sans la voir lui même, et sans que ses chiens
eussent encore trouvé sa voye. Cependant tout le païs est dans la
consternation, les foires et les marchés sont presque déserts, personne
n'y va seul, et le peu de ceux qui y vont s'attroupent pour y aller.

Courier du 12 Avril.
Paris le 4 Avril.

Les Lettres de Mende du 26 portent que depuis 12 jours la Bête s'occupe
à dévoré 4 personnes; qu'elle ne fait que roder autour des villages,
et va saisir les enfans sur le Seüil de leurs maisons. plusieurs sont morts
de leurs blessures; entr'autres une fille de Service qui alloit à la Messe
avec sa maitresse. cette fille voiant sa maitresse attaquée se jetta à
corps perdu sur la Bête, la tint après longtemps contre terre entre ses bras,
demandant du Secours, et disant qu'elle sacrifieroit volontiers sa vie pourvu
qu'on tuât le monstre. pendant ce temps là la maitresse s'enfuit, et la
Bête voiant approcher deux hers fit un effort, et se débarassa de la fille
après l'avoir si grièvement blessée qu'elle en est morte.

— Courier

Courier du 16 Avril.

De Marvejols le 16 Avril.

V. le Courr. du 23. Le 3 de ce mois à Bergognoux Rie de Fontans un enfant fut tué par la Bête féroce, cet enfant étoit âgé de 12 ans; le chien du Parc qui survint empêcha qu'elle ne le dévorât, et sauva la vie à son frère qui quoi-qu'âgé de 14 ans et armé d'une petite lance, avoit inutilement fait ses efforts pour sauver la vie à son frère. Le 4 elle dévora à Mégui Rie de S. Denis sous la montagne de la Margeride une fille de 16 ans extrêmement jolie. Le même jour deux Chasseurs qui chassoient dans ce canton là trou-vèrent de la fiente qu'ils crurent être de cette Bête; elle étoit composée de bled naissant, extrêmement lié et entortillé, vers c'ôe s'il venoit d'être cueilli, et mêlé avec beaucoup de sang, ce qui prouveroit qu'elle se nourrit de la pointe des bleds, lorsque la chair lui manque.

Courier du 19 Avril.

De Saugues dans le Gévaudan le 9 Avril.

Mrs d'Enneval n'ont pas encores pénétré de leur côté où l'on y attend d'autant plus impatiemment qu'il n'y a guères de cantons aussi hantés par la Bête féroce que les nôtres; elle vient dans les villages et passe si proche des maisons qu'il ne lui reste plus que d'y entrer. Il y a 15 jours qu'étant dans une forêt, elle y trouva deux hôés et une femme qui cou-poient du bois; elle alla suivant sa coutume, droit à la femme sans être in-timidée par la hache qu'elle avoit en main, elle fut cependant seu suivit pour sa défense, et secondée par les deux hôés elle la força d'abandonner le combat, après quoi elle s'enfuit à un village nommé Les Mazel; un hôé et une fille gardoient près delà un troupeau d'aigneaux et de brebis qu'il falloit traverser pour aller à eux. La Bête féroce qui en vouloit à la fille s'ouvrit un passage à travers le troupeau, jettant nô s'ous b par elle toutes les bêtes qui l'embarrassoient sans leur faire d'autre mal; elle assaillit la fille qui quoiqu'aidée de l'hôé qui la défendoit, auroit eu de la peine à se sauver, si tous deux n'avoient pas été secourus. Sa conduite à l'égard des brebis prouve assez que ce n'est pas un loup de la plus grosse espèce, ainsi que plusieurs le veulent. Autre fait qui le prouve. Le 2 de ce mois un petit garçon gardoit un autre troupeau d'aigneaux et de brebis dans une prairie près

de son village. cet enfant voiant venir la Bête de fort loin, eut la
précaution de se cacher dans des broussailles, de façon qu'elle ne l'apperceut
point. arrivée au milieu du troupeau voiant les agneaux bondir, elle se
mit à bondir coe eux, et parceque les brebis plus sérieuses ne bondissoient
pas de même, elle en punit une, non en la mangeant, mais en lui coupant seulement la queüe. ce badinage fut vu par des gens du village qui
accoururent allarmés de ce qu'ils ne voioient pas le petit Berger qui s'étoit
caché. hier elle attaqua auprès de Fraisse un jeune hoe, et une fille
qui gardoient des vaches, ils eussent beaucoup risqué tous deux quoique
le garçon se défendit très bien, sans le secours d'un Berger fort et robuste
accouru avec ses chiens qui la mit en fuite. delà elle alla à l'Exclauze
où elle dévora une fille de 20 ans gardant des vaches; et ne s'écarte
guère de la Pe de Chanaleilles et de celle de Grèzet; elle passe de
temps en temps les montagnes de la Margeride pour aller faire quelqu'incursion du côté de S. auban. les travaux de la campagne lan-
guissent; le laboureur ne trouvant personne qui veuille garder ses vaches
est obligé de le faire lui-même au préjudice de ses autres travaux.

Courier du 23 Avril.

On écrit du Gévaudan que le 3 de ce mois sur le soir la Bête enleva
à Bergognoux près de S. Alban un garçon de 10 ans, l'emporta dans
un Bois et l'y dévora. le 4 Mr. d'Enneval accompagné de plusieurs chasseurs, la trouva rentrée dans les Bois de Norangié, mais elle n'y resta pas
après longtemps pour qu'on pût l'entourer; en la poursuivant avec les
chiens on tomba à deux lieues delà sur un reste de cadavre, des ossemens,
un crâne humain tout frais, et du sang répandu de la largeur d'un
mouchoir. on ne sçait où elle avoit fait cette capture. le même jour elle
dévora une fille de 13 ans à la Pe de S. Denis, et lui mangea tout le
bas de la tête et de la poitrine. on recueillit les débris de ce corps mais la
Bête n'y revint pas. le 6 elle dévora un garçon de 10 à 12 ans à Chedon-
nes Pe d'Arzin, et le 7 une fille de 20 ans à la Pe d'Orgaise au
lieu de l'Enthaup. cette maudite Bête fait plus de 12 grandes lieues de

—juin

paire, et marche toujours, ce qui fait qu'il n'est pas facile de la joindre. Elle
a été cependant tirée plusieurs fois ; elle le fut dernièrement par un paisan
qui auroit pu la tuer, et l'auroit tuée en effet s'il s'étoit possédé, mais dans la
peur qu'elle lui fit, il la laissa aller trop loin avant de lâcher le coup. Mr.
d'Enneval attend avec impatience quelque moment heureux, il a fait placer des
tireurs dans les rochers, et les collines par où la Bête a coutume de passer. &c

De Marvejols le 14 Avril.

On annonça il y a quelque temps que la Bête avoit dévoré une bien si
jolie fille âgée de 16 ans à L'Escladuse Voici les circonstances principales
de ce fait qu'on avoit omises. cette fille avoit avec elle une de ses sœurs qui en
appercevant la Bête la première, lui cria, Prends garde à toi, tu as un
gros Loup derrière, Elle n'eut pas plustôt achevé que le Loup prétendu s'étoit
déjà saisi de sa sœur. elle courut en poussant de grands cris au village qui
n'étoit qu'à quelques pas delà ; mais tout en courant inquiète de sa sœur,
elle se tourna pour voir ce qu'elle devenoit, Et que vit-elle ? La tête de sa sœur
tombant par terre, tandis que le corps étoit encore debout. L'impression
que lui fit cet horrible spectacle fut si forte, qu'elle en eut sur le champ
l'esprit totalement aliéné. on ne sçait pas si son aliénation s'est dissipée
depuis ce temps, et si sa tête s'est remise. Ces jours derniers on tira à la
Bête, mais de fort loin 3 coups de fusil, dont l'un cependant la fit acculer ;
ce qui toutesfois n'empêcha pas qu'elle ne parut le même jour à 2 lieües
delà, et qu'arrivant auprès d'un troupeau, elle ne bondit et ne gambadât
de fort belle humeur avec les agneaux. les procédés de cette Bête sont incom-
-préhensibles, et augmentent de beaucoup les difficultés qu'on avoit déjà par
la seule inspection de sa figure de discerner son espèce ; elle montre des
instincts opposés, et dont l'assemblage ne convient à aucun des animaux
qui nous sont connus. aussi plusieurs de nos paisans ne croient pas que
ce soit une Bête, mais un Diable qui a pris cette figure, en conséquence ils
sont persuadés qu'elle est invulnérable.

Courier du 26 Avril.

les Journalistes anglois s'égaient à nos dépens, mais à l'anglaise au

Sujet de la Bête féroce du Gévaudan. on lit dans une de leurs Feüilles du 29 Mars. qu'une armée Françoise de 120000 hoës a été défaite par cet animal, qui après en avoir dévoré 25000 et avalé tout le train de L'Artillerie s'est trouvé le lendemain vaincu par une chatte dont elle avoit mangé le chaton. On ne voit point sur quoi peut tomber ce Sarcasme. mais ce qu'on voit bien clairement, et ce qu'on apprendroit là, si on ne le Sçavoit d'ailleurs c'est que l'art de railler avec Sel, et de badiner avec quun, n'est pas du moins communément l'art des écrivains anglois, L'air pesant du climat et l'humeur Sombre de la nation s'y opposent.

Courier du 30 Avril.

De Marvéjols le 21 Avril.

Mr. d'Enneval doit faire une Chasse générale dont on désire beaucoup plus la réüssite qu'on n'ose l'espérer après le mauvais succès qu'ont eu toutes celles qu'il a faites précédemment. Tant de vains efforts, Tant de poursuites inutiles de la part d'un tel Chasseur devroient seules Suffire pour détromper ceux qui ont cru et qui persistent à croire que ceci est un. Mais indépendâment de cette preuve, la différence de son poil, de sa figure, de son cri comparés au poil, à la figure, et au hurlement du loup, et la conduite paisible quelle tient à l'égard des brebis et des agneaux, prouvent assez que ce n'en est point un.

Courier du 3 Mai

May. Le Gazettier dans ce courier annonce la mort de la prétendüe Bête féroce tué le 23 à la Lanouze près de Sauguex par le nommé Valentin fermier de Mr de Randon d'un coup de lance.

Courier du 7 Mai.

La Bête tué par Valentin et porté à Mende le 23 s'est trouvée n'être qu'une petite Louve. les paisans pour éblouir les yeux des personnes chargées de délivrer la récompense promise avoient farci son individu de débris de coïffures de femme, étoffe, rubans &c.

Extrait d'une lettre de Langogne du 29 Avril.

La Bête féroce qui se fit connoître aux environs de cette ville le mois de Juin de l'année dernière, et qui y séjourna jusqu'au mois d'octobre suivant parut le 5 de ce mois dans la Bsse d'Arzenc près de Châteauneuf de Randon

randon et après avoir blessé considérablement une fille de 15 ans à
l'épaule, elle dévora un enfant de 10 à 12 ans. Le 16 elle attaqua un
homme à cheval auprès de Chaudière, et aux environs de ce même endroit
où l'année dernière pendant les mois d'Aoust et de Septembre elle dévora
deux garçons de 15 à 16 ans. Cet homme ainsi attaqué par cette Bête
qui s'élança contre lui, et qui sauta par deux fois avec fureur sur la
croupe de son cheval, fut obligé de descendre bien vite, et armé d'un bâton
ferré en une main, fut à la Bête abandonnant son cheval qui avoit eu
peur, et la poursuivit, mais cette Bête rusée évita tous les coups que cet
homme robuste lui porta, et se retira enfin. Depuis cette époque on n'en avoit
plus entendu parler, mais on vient d'apprendre qu'elle reparut il y a deux
jours à une lieüe d'ici, où elle a attaqué un garçon fort et robuste qui s'est
défendu si rigoureusement avec un seul bâton, qu'il l'a obligée de s'enfuir.
Ces nouvelles ont répandu une nouvelle terreur dans nos Cantons.

De Paris le 28 Avril.

Des lettres venües de Malzieu diocèse de Mende du 24 disent qu'on n'a rien
négligé pour la destruction de la Bête féroce, qu'on a fait au plus fort
de l'hiver plus de 30 chasses générales à travers les neiges, et les glaces.
que depuis quelque temps on est toujours dans le même exercice sous les
ordres de M. d'Enneval. Le 4 du mois les chiens poursuivirent la Bête
jusqu'à la nuit. il y en eut un, du moins, et c'étoit le meilleur qui ne repa-
-rut que le lendemain matin. Le 19 elle égorgea un enfant dans la P.sse
de Pauliac, et fit de son cadavre un vrai squelette. Le 21 jour de chasse
générale elle parut à Aumont à 4 lieües de Pauliac. Le 22 elle repa-
-rut à un autre village à 3 lieües d'Aumont, et y attaqua un garçon
de 18 ans; mais elle n'eut que le temps de le blesser, un paisan armé
d'une hache l'aiant secouru, et une petite fille d'environ 10 ans qui étoit
avec ce garçon, aiant toujours frappé la Bête d'un bâton, tandis qu'elle
le tenoit sous ses pattes. contrainte de lâcher prise, elle s'éloigna à
peu de distance, se dressa sur ses pattes de derrière, fit quelques singeries,
avec celles de devant, et s'en alla ensuite joindre et caresser une autre
Bête plus petite qui avoit été spectatrice du combat. Le 23 les habitans

de Prunières la virent (la maîtresse Bête s'entend). Mr. d'Enneval traver-
-sa la rivière de Truire avec un piqueur, et un chien, et fut battre tout
le terroir de Prunières à la tête des habitans de cette ville. Le même jour
fut tué cette Louve que les paisans vouloient faire passer pour la Bête féroce
et qui fut bientôt reconnüe à Mende pour ce qu'elle étoit.

Courier du 14 Mai.

De Marvéjols le 8. Mai.

Le 1. de ce mois, à un endroit près de S.t Alban appellé la Chaumette habité
par 3 freres qui en sont Seigrs et qui en portent le nom. L'ainé de ces Mrs
étant à la fenêtre sur les six à 7 heures du soir vit à 250 pas auprès d'un
pacage où un Berger d'environ 16 ans gardoit une 20.ne de bêtes à cornes
un animal qui lui parut étranger, assis sur ses pattes de derriere, observant
le Berger à couvert d'un tertre, et paroissant épier le moment de sauter sur
lui. Le Gentilhom appella ses freres, et leur dit qu'il croioit voir la Bête...
au bruit qu'il fit en les appellant, elle fit un mouvement apparemment par-
-ce qu'elle l'avoit attendu; ces 3 Messieurs y coururent avec leurs fusils, l'un
alla droit à elle, et les deux autres se portent à un ravin où ils jugerent
qu'elle passeroit. Elle prit d'abord une route opposée; mais le moment d'après
aïant apperçu vis-à-vis d'elle un Berger et deux paisans, elle rétrograda et
alla passer près de l'endroit où on l'attendoit. un de ces Mrs la tira au dé-
-faut de l'épaule sur le côté droit à 67 pas de distance; elle tomba et
roula deux ou trois fois par terre, ce qui donna le temps à l'autre frère
de franchir une broussaille qui la lui couvroit, et de lui tirer, comme elle se
relevoit un autre coup chargé de trois balles qu'il jugea lui avoir donné
au travers du corps; elle tomba encore, et en tombant roula et alla donner
contre un rocher; elle se releva et fut de nouveau heurter contre un arbre,
après quoi elle prit l'essor, mais on peut juger en quel état parcequ'on
observa en suivant sa trace, où s'apperçut que le sang couloit aussi fort
que celui d'un cheval qu'on vient de saigner, et qu'il jaillissoit à 3 pieds et
demi de l'empreinte de ses pattes. Un Païsan qui étoit en avant, vit qu'elle
essaya en vain, tant elle étoit affoiblie, de monter une petite éminence qui
étoit sur son droit chemin, ensorte qu'elle fut obligée de prendre à côté, et de
suivre toujours la descente. Mrs de la Chaumette avoient des fusils
à deux coups, mais ils ne purent jamais tirer le second à 50 pas

de distance; la Bête se retira au Bois de S. Denis qui est immense et
bien fourni. Ces M.rs et plusieurs autres qui la suivirent la cherchèrent
jusqu'à 9 heures du soir. M. d'Enneval qui en fut informé par le Consul de
S. Alban s'y rendit le lendemain matin, et malgré la pluie qui avoit tombé
toute la nuit trouva encores en 9 endroits le sang, excepté sur le gazon où
il n'étoit pas possible de le reconnoître, et jugea au pied que c'étoit réellement
la Bête féroce. il a mandé le même détail à la Cour. M.rs de la Chaumette
sont des tireurs de la première force, ils ont tué grand nombre de loups, ils
sont d'ailleurs des gens d'une grande candeur. Voici ce qu'ils disent de cette
Bête qui n'est rien moins que le portrait d'un loup. Elle est plus grosse qu'un
veau d'un an, elle a la gueule béante, le museau allongé, la tête fort grosse, le
devant très renforcé, une raye noire à l'épine du dos jusqu'à la naissance de
la queue, la démarche extrêmement fière, enfin telle que M. Duhamel l'avoit
dépeinte. On la cherche depuis ce temps-là. M. de la Fond syndic du
diocèse y a mis un monde infini pour parvenir à la trouver. Mais nous ne
sommes pas pour cela à la fin de nos allarmes. Il est très décidé que cette Bête
a une compagne [Ici est la répétition de l'aventure d'un garçon
de 18 ans, telle qu'elle est rapportée dans le Courier du 7 Mai]

Description de la Bête par M.rs de la Chaumette

Courier du 17 Mai

De Marvejols le 6 Mai.

Il est certain que la Bête féroce a été blessée le 1 de ce mois, on croyoit même qu'elle mourroit de ses blessures, cependant une fille de 33 ans a été dévorée le 2 à la P.sse de Ventuejols. Reste à sçavoir si c'est par la même Bête
ou par une autre. On fait aujourd'hui une chasse générale.

Fille de 33 ans dévorée le 2 Mai près de Marvejols

Courier du 21 Mai.

Paris le 11 Mai.

On écrit de Malzieu que M.M. d'Enneval ordonnèrent et exécutèrent le
30 Avril une chasse générale de 56 Paroisses suivant un plan qu'ils dressèrent avec le
secours des personnes exercées, et qui étoit si bien exécuté qu'elle ne pourroit
échapper si elle se fût trouvée dans le vaste terrain qu'il renfermoit. Le rocher
de la Garde auprès de la Croix de fer au dessus des deux villages de la
P.sse de Malzieu, étoit le centre et le rendez vous de cette chasse, et les 56

Chasse de 56 Paroisses le 30 Avril.

postes commandées formoient un cercle dont les lignes aboutissoient centra-
lement au d. rocher. Pour exécuter la chasse sur ce plan, les postes les plus
éloignés au Nord, au Midi, à l'Orient, et à l'Occident partirent deux, trois
et quatre heures avant les autres, se joignirent en battant leur terrein à
celles qui étoient plus proches du centre, et parvinrent de tous côtés au ren-
-dez-vous, après avoir battu plus de 6 lieües en tirant par une ligne droite
au centre, ce qui embrasse tout le terrein que la Bête parcourt ordinairement par-
-court depuis qu'elle a paru dans cette partie du Diocèse de Mende. Cepen-
-dant par les jours les plus rudes, et dans la neige jusqu'à mi-jambe les chasseurs
gardèrent leur poste jusqu'à ce que le danger de perdre la vie par le froid qui les
avoit saisis les eût obligés d'abandonner la ligne centrale où ils étoient postés.
Cet animal plus rusé qu'on ne peut croire ne parut que sur le soir à la
rencontre des Chasseurs de Saugues qui s'en retournoient chez eux; on le vid,
on le suivit; mais la nuit et le Bois de Sauvière le dérobèrent à leur pour-
-suite. Le 1. Mai les Piqueurs de M. d'Enneval étant sortis au grand
matin avec leurs chiens pour battre certain Bois de la P.sse du Malzieu,
découvrirent la voie de la Bête, en donnant avis à M. d'Enneval qui accom-
-pagné de la Bourgeoisie de la d. P.sse alla investir le Bois de Réchause
appartenant à M. le Comte de Morangiès, où les chiens avoient indiqué
la Bête, et où on avoit trouvé des traces de son passage; le poste fut gardé
jusqu'au Soir, mais toujours sans succès. Le même jour la Bête s'étant réfugiée
dans le Bois de la Chaumette P.sse de S. Alban, fut tirée par Mr de la
Chaumette et blessée. M. d'Enneval averti de cette rencontre, partit à minuit
avec les Bourgeois de Malzieu, et battit environ 6 lieües de chemin, ...
guidé par les traces du Sang qu'il apperçut en plusieurs endroits, et cela pen-
-dant toute la journée du 2 Mai, dans la neige et à travers les frimats,
les giboulées, et la pluie, dans le temps que cette cruelle Bête dévoroit
sur les 3 heures du soir une fille de 33 ans dans la P.sse de Ventuejols à
3 quarts de lieües de Saugues. Le Consul de l'endroit alla en donner avis le
lendemain de grand matin à M. d'Enneval qui s'y rendit sur le champ pour
empoisonner le cadavre de cette fille, et le laisser exposé dans l'espérance
de faire périr la Bête, si elle revenoit à sa proye.

Du Gévaudan

Du Gévaudan le 8 Mai

Dans une chasse générale qui fut faite avant-hier, une Bête, soit celle qu'on cherchoit, soit quelqu'autre, car on ne put pas bien la discerner, fut levée et poursuivie l'espace de trois lieües, mais sans aucun succès. Deux chiens de M. d'Enneval s'acharnèrent tellement à la poursuivre, qu'hier à midi ils ne n'étoient pas encore revenus rejoindre leur maître.

De Marvejols le 12 Mai.

Deux jeunes Bergers ont récemment éprouvé que la Bête féroce blessée le 2 de ce mois n'étoit pas morte. Un de ces enfans gardant des Bêtes à cornes près du chemin d'un Château à 2 lieües d'ici vit venir à lui cette Bête féroce. Seul et sans espoir de secours il courut à un des Taureaux qu'il gardoit, lui saisit la queüe, et s'y tint fortement attaché; le Taureau fit face à la Bête, la combattit, la heurta avec ses cornes, et sauva ainsi son petit gardien. L'autre gardant avant-hier son troupeau près du Château de la Baume fut encore attaqué par la même Bête, mais un voiageur du païs arrivant là fort à propos le secourut, et lui aida à se défendre; la Bête repoussée quitta le combat, et fut se coucher à 30 pas; mais ils allèrent à elle lui et le Berger, et quand ils en furent assez près, ils lui jettèrent un bâton, l'en atteignirent et l'assirent crier; elle se leva et fut se coucher à 40 pas plus loin. On fut au Château pour en donner avis, mais malheureusement 3 bons Tireurs qui l'habitent étoient à la chasse. Il se fait aujourd'hui une grande chasse composée de 50 Pâtres, et d'un nombre prodigieux de bons Tireurs.

Courier du 24 Mai.

De Langogne le 14 Mai.

Le nouveau séjour que la Bête féroce a fait dans notre environs a été fort court. On a fait du côté de Saugues des chasses générales dans lesquelles un homme de qualité qui la vit la poursuivit avec tant d'ardeur qu'un de ses chevaux creva sous lui en la suivant de fort près. La Société des Chevaliers de S. Hubert de cette ville composée de 40 hommes s'est rendüe sur les lieux pour joindre ses efforts à ceux des autres chasseurs; mais le fâcheux est que plus ils sont en nombre, plus ils font de bruit, et que la Bête aussi rusée que cruelle avertie par le bruit, se cache dans des

endroits inaccessibles où elles se tient pendant qu'on fait les battües, et
d'où elle ne sort qu'après que la chasse est finie.

Courier du 28 Mai

De Mende le 16 Mai.

Il y a depuis quelque temps Suspension d'hostilités de la part de la
Bête féroce du moins à l'égard de l'espèce humaine, ou si elle en a exercé
quelqu'une, cela n'est pas venu à nôtre connoissance. Quoique plusieurs
chasseurs venus du Dauphiné, du Languedoc, de la Provence, et du comtat
s'étant retirés, les nôtres, et ceux des païs circonvoisins persistent ani-
-més par l'exemple et les leçons de M. d'Enneval qui se donne toujours
les plus grands mouvements pour nous délivrer de ce fléau. Dans une battüe
Battüe de
28 P.sées le
6 Mai. qu'il fit faire le 6 de ce mois, par 28 P.sées, la Bête fut trouvée dans les
Bois de Chanaleilles, et de là vint se jetter dans ceux d'Esdurze et de
Freyssinet, où elle fut tirée par un Païsan qui l'aïant ratée deux fois la
tira pour la 3.e les chiens de M. d'Enneval la chassant ardemment, et au
mieux. M. de la Fayette Gentilhoe de l'Auvergne qui s'est rendu dans ce
païs pour la chasser aussi la tira à 15 pas, mais il avoüe qu'il la
manqua; ses chiens cependant l'atteignirent, l'arrêterent, et la mordirent
souvent. Elle gagna du côté de S.t Denis, et le soir on vit encore les chiens
à ses jarrets dans ces Bois là, et à Villedieu où ils la laisserent à nuit fermée.
Depuis ce temps, elle n'a point fait parler d'elle, quoiqu'on ait donné plusieurs
alertes, en disant qu'on l'avoit vüe, mais on a vérifié que c'étoit des Loups.

Extrait d'une Lettre de Malzieu le 16 Mai.

M.rs d'Enneval exécuterent le 6 une chasse générale semblable à celle du
30 Avril. Ils se rendirent à 5 heures du matin sur la Montagne avec
nos habitans, et bien bien secondés par toutes les P.sées commandées
ils battirent plus de 6 lieües de terrain, leurs chiens trouverent la voie de
la Bête auprès de Villaret P.sse de Chanaleilles lieu de la naissance du
petit Portefaix, la suivirent à plus de 3 quarts de lieüe; la rencontrerent
enfin dans un Bois, et l'y attaquerent avec tout le feu imaginable, et la
serrerent si bien qu'ils l'obligerent d'en Sortir. Elle fut se réfugier au Bois
du Sauvage où les chiens la poursuivirent au point qu'il en resta deux à
ses troupes, dont l'un fut ramené le lendemain, et l'autre fut trouvé dans un
— Village

village où la chasse avoit été executée 8 jours auparavant portant sur son collier les empreintes des dents de la Bête. Le 9 on écrivit de Servières à Mr. d'Enneval qu'on luy avoit tiré le même jour, mais de 300 pas, et par conséquent trop loin pour l'atteindre. Le 12 autre chasse générale aussi infructueuse que les précédentes. Le matin du même jour dans le temps que les chasseurs alloient se mettre en campagne, un Berger qui étoit sans armes dans sa cabane, voiant la Bête près de lá luy jetta son chapeau pour l'épouvanter, et y réussit si bien qu'elle prit la fuite. tant on a eu raison de dire qu'elle étoit timide; mais c'est cette timidité même qui fait sa défense en la précautionnant contre les dangers, si elle étoit assez courageuse pour les braver, il y a longtemps qu'elle auroit péri.

Courier du 11 Juin.

Paris le 1 Juin.

Juin.

Les dernières Lettres du Gévaudan portent que la Bête féroce a dévoré depuis peu deux filles sur le Bté de Ventuéjols, la dernière le 19 Mai, elle en coupa la tête et entraîna le cadavre environ 150 pas plus loin, en suçea tout le sang et en arracha le cœur. 24 heures après la Bête revint au cadavre, et en dévora encore toute la poitrine. M. Hunal d'Arzeuille Psse d'Albaret Ste Marie, luy tira le 20 de 15 à 18 pas un coup de fusil chargé de 2 lingots. la Bête tomba sous le coup, mais une minute après elle se releva par un bond, et décampa. On ne doute plus qu'il n'y ait deux Bêtes féroces, puis que le 7 Mai on en trouva une dans les Bois de Saugues, et que dans le même moment une autre attaqua une fille qui gardoit des vaches auprès du Bacons-vieux. Mr. de Rochemure curé d'Arzenc Prêtre d'un mérite distingué, en aiant été averti, se mit à la poursuite de la Bête avec ses Psiens et ceux du Bacoux, et la poursuivit jusqu'au Soleil couché; on luy tira six coups de fusil; et le nommé Philibert luy en tira un de 30 pas chargé à bale, la Bête ne fit que plier sous ce coup. le Grezet, dit le Marquis, Charpentier, excellent Chasseur, luy tira à 13 pas un coup de fusil chargé d'un lingot; la Bête tomba, fit un tour, et se releva tout aussitôt. La même Bête avoit attaqué un garçon de 18 ans qui fut défendu par les vaches qu'il gardoit. Le 24 elle surprit à 3 quarts de lieue du Malzieu en approchant de la Margeride, Psse de S. Privat du Fau un enfant qu'elle auroit dévoré s'il n'eût été secouru.

De Malzieu le 27 Mai.

Il s'étoit passé 18 jours sans qu'on entendit parler de la Bête féroce, et les chasses ordonnées depuis le 2 par M. d'Enneval n'avoient rien appris, lorsqu'elle nous a convaincus de son existence en égorgeant et dévorant à Servilanges le 19 une fille d'environ 40 ans. Le lendemain avertis par le toc-sain que la Bête étoit poursuivie sur le penchant de la côte qui borde nôtre ville au couchant, tout le monde y courut hors femmes, enfans, armés de fusils, hallebardes et bâtons ferrés, pour l'attendre sur les bords de la rivière qui coule au bas de la dite côte. La Bête poussée du couchant à la rivière par plusieurs Tirs qui l'avoient déjà tirée, la traversa à la nage, avant que les postes fussent gardés, gagna le large, et passa tout près d'un homme qui dormoit sans l'attaquer; le 23 jour de chasse générale dont le rendez-vous devoit être sur la montagne de la Margeride, où la Bête avoit paru le 22 dans le temps qu'on se disposoit à faire route à l'Orient, on nous avertit qu'elle étoit au couchant au dessus de la même côte qui borde nôtre ville, et que M. Du Hamel cadet l'avoit tirée; mais elle repassa la rivière dans un endroit impraticable aux chasseurs et repassa la montagne de la Margeride). Le 24 elle attaqua dans la Pise de S. Privat du Fau une jeune fille qu'elle terrassa, lui fit plusieurs ouvertures au col, et en découvrit la jugulaire. Cette fille secourüe par plusieurs personnes qui travailloient aux champs survécut à son accident, mais fort peu de temps puisqu'elle est morte le 26 malgré les soins de M. d'Enneval qui s'y transporta avec un chirurgien. La Bête se rendit à l'instant au Mazel près de Julianges, y attaqua un jeune garçon qui lui présentant la lame d'un couteau attaché à un bâton la fit retourner, et ne put cependant l'empêcher de s'élancer sur une fille d'environ 14 ans qu'elle égorgea, et à qui elle mangea une hanche dans le temps que le jeune garçon alloit chercher du secours. De là elle vole tout de suite à Marvillac, où elle attaqua une autre fille qui auroit eu le sort des deux premières si un petit garçon de 12 ans ne l'eut défendüe avec une baïonnette, dont il piqua si bien la Bête qu'il l'a rougit de son sang, et lui fit quitter prise.

Courrier du 14 Juin.

De Marvejols le 3 Juin.

On prend des enfans, on les mène dans les endroits que la Bête seroit fréquenté le plus; on leur dit de se divertir. Un chasseur pourtant caché dans une hutte à portée d'eux, et à demi portée de fusil. Des particuliers opulens ont fait publier la promesse de diverses récompenses. Un entr'autres se
—— charge

se charge depuis pendant 3 ans la capitation et les droits Seigneuriaux du vainqueur de la Bête, et la taille de tout son village. Un Président de la cour des aides qui reside ici fait aussi des avantages considérables. Le curé de S. Julien du Tournel dans nôtre Diocèse à trouvé un Régistre mortuaire où il y a depuis 1632 jusqu'en 1640 25 enterremens ainsi désignés. Un tel jour a été enterré le bras la jambe ou telles autres parties du corps dévorés par la male bête ou Loup.

Du Puy en Velai le 7 Juin.

Les Chevaliers de S. Hubert de cette ville ne sont point partis, com̃e on l'avoit dit, pour aller faire la guerre à la Bête du Gévaudan; un accident arrivé à nôtre Salle de Spectacle dont l'écroulement subit du plancher inférieur a blessé un grand nombre de nos citoïens qui y étoient alors rassemblés par— mi lesquels se sont trouvés beaucoup de ces Mrs occupés maintenant à se guérir; la récolte d'ailleurs trop avancée pour entreprendre cette chasse, voilà les raisons qui les ont empêchés d'exécuter leur projet, qu'ils ont remis d'exé— —cuter jusqu'après la récolte, si la Bête vit encore.

Courrier du 18 Juin

De Mende le 5 Juin.

Mr Bouvier curé de Julianges près le Malzieu en tirant vers la montagne de la Margeride a écrit la lettre suivante à M. Louis Chanoine de nôtre Cathédrale, et Gl Vicaire de nôtre Evêque, datée du 2 5 du mois.

» La Bête féroce est revenue sur ses pas, et a encore paru Jeudi passé (23. » Mai) dans le Territoire de la Psse d'Albaret Ste Marie près la Garde, où » elle a été tirée par M. Hrival d'Arzeües. Delà on la vit passer dans la » Psse de Chauliac la Rivière de Truyère entredeux, et ensuite dans la » mienne. Le Vendredi elle attaqua une grande et forte fille de la Psse de » S. Privat tout près de la mienne qui alloit garder quelques vaches sur » la montagne de la Margeride, elle la prit par le col et la blessa très » dangereusement. deux Bouviers qui chargeoient du Bois tout près de là, » et qui l'entendirent crier y accoururent, et lui sauverent la vie avec beaucoup » de peine, ils ont avoüé qu'eux seul n'en seroit pas venu à bout. M. le » Prieur fut tout de suite appellé pour la confesser sur la place. La Bête » passa ensuite dans un village de ma Psse dit Amourettes, à un quart de

" Lieux de l'endroit où elle avoit attaqué cette fille; elle tomba au milieu de tout
" le monde sur un autre garçon de 11 ans qui alloit aussi garder du bétail.
" on fut aussitôt à son secours, et la Bête ne put lui nuire; mais au delà elle fut
" attendre à l'entrée d'un bois un garçon et une fille qui alloient également
" garder du bétail. On leur cria pour les avertir du danger, mais on ne put
" se faire entendre. La Bête s'élança sur le jeune garçon qui se défendit avec
" un petit couteau. elle se jetta alors sur la fille âgée d'environ 13 ans, et la
" dévora tout de suite avec fureur. le petit garçon se hâta d'aller appeller du
" secours qui n'étoit pas loin de là; mais en arrivant on ne trouva plus
" qu'un tronc sans tête; la Bête aiant déjà dévoré une partie du bras et des
" cuisses, après avoir entraîné le cadavre dans le plus épais du Bois. Je fis
" aussitôt avertir M. d'Enneval qui envoia un Domestique pour empoisonner
" le restant du cadavre, et lui même étant venu depuis le vérifier avec M.
" Astruc 1er Consul du Malzieu, il ne m'a été permis de l'enterrer que le
" dernier fête de la Pentecôte. La Bête fut delà à la P.sse de Lorcières
" limitrophe de la mienne Diocèse de S. Flour, où elle attaqua une vachère
" qui fut secourue à temps par les habitans du village de Marsillac. M. le
" Prieur de S. Privat du Fau mon voisin m'a écrit que cette Bête venoit
" d'attaquer par derriere la Servante qui gardoit sa jument, qu'elle l'avoit fait
" tomber d'un coup de patte, et prise par le col. La Servante crut d'abord que la
" jument lui avoit donné un coup de pied qui l'avoit étourdie, jusqu'à ce qu'elle se
" sentit traîner plus loin. il ne me dit pas comment elle échappa à ce danger,
" mais ce ne fut pas sans doute sans secours.

De Marvejols le 6 Juin.

Les carnages de la Bête féroce suspendus quelque temps ont recommencé;
elle dévora le 1. de ce mois un garçon de 9 à 10 ans dans la P.sse de Mou-
-zeyroles des Bois en auvergne limitrophe du Gévaudan. Une jeune Sœur
de ce garçon qui étoit avec lui, chercha son salut dans la fuite; et fut se cacher
entre les rochers dans un bois voisin; comme elle ne paroissoit point, on la crut dé-
-vorée comme son frère, mais on la trouva enfin saine et sauve. M. d'Enneval
ordonna le lendemain une chasse générale qui ne réussit pas plus que les
précedentes.

jeune garçon
de 9 à 10 ans
dévoré le 1
Juin dans la
P.sse de Mou-
-zeyroles.

Courier du 28 Juin.

De Malzieu le 13 Juin.

Le 3, le 4. 5. et 6 de ce mois se sont passés sans qu'on eût aucune nouvelle de la Bête féroce, ce qui n'a pas empêché M. d'Enneval de battre certains cantons avec plusieurs de nos chasseurs. Le 7 elle se présenta sur la Margeride au dessus de la Croix de fer à un marchand de Saugues qui saisi de frayeur se cacha derrière un buisson, et la voiant prendre la route qu'il devoit tenir pour se rendre chez lui, prit un autre chemin et se rendit à Grèzo où il se cacha n'aiant ni la force ni le courage de continuer sa route. Le 8 il y eut chasse sur les hauteurs de nôtre vîé, et le 10 une autre sur le territoire d'auvergne où l'on disoit que la Bête s'étoit montrée. Le 11 un Berger de la vîé de Pinel en auvergne sur la Margeride à plan de 4 lieües d'ici, étant dans sa cabane la nuit pour veiller à la sureté de son troupeau entendit du bruit, et voiant venir son chien à lui, il sortit et vit au milieu de ses brebis la fatale Bête qui sans en attaquer aucune franchit d'un saut les claies qui forment le bercail, vint à lui, et lui livra un combat dont il seroit mal tiré si son chien animé par sa voix et par le penchant naturel qu'ont ces animaux à défendre leur maître, ne l'eussent vigoureusement attaqué et obligé de céder le champ de Bataille.

Sur cette nouvelle MM. d'Enneval exécutèrent le 12 une chasse de 10 vîés et se transportèrent avec nos chasseurs dans le territoire de Nozerole sur la Margeride à 3 lieües d'ici où cette cruelle Bête avoit attaqué à 7 heures du matin une fille qui aiant été secourüe en fut quitte pour la peur. M.rs d'Enneval et son chasseurs après avoir battu avec les vîés commandées les vastes forêts qui couvrent cette partie de la Montagne, renvoièrent sur les 4 heures du soir les gens de la Campagne et ceux de nos habitans qui étoient à pied, et ces Messieurs avec nos Bourgeois qui étoient à cheval continuèrent leur battüe jusqu'à la nuit qu'ils passèrent toute entière

à Aubert méchant village, où ils soupèrent et couchèrent fort mal
n'aïant eu pour bonne chère qu'un chevreau qu'ils égorgèrent, dépouillè-
rent et apprêtèrent eux mêmes, et pour lit que la paille où chacun s'ac-
-commoda le mieux qu'il put dans son manteau ou sa rédingotte. Ils se
remirent en campagne le lendemain, et battirent de nouveau ce terrein
aussi désert que pénible; à peine étoient-ils de retour ici que sur la nou-
-velle que la Bête étoit dans le Bois de Prunières à demie lieue d'ici, Mr.
d'Enneval s'y rendit avec plusieurs de nos habitans; mais elle ne fut
point rencontrée, quoique dans le temps qu'ils se fatiguoient à la cher-
-cher on mêlât ici aux Offices qui s'y faisoient pour l'octave du S. S.
des prières très ferventes pour le succès de leur chasse. Divers
Etrangers qui viennent de loin pour s'essaïer dans cette expédition
admirent la constance de M. M. d'Enneval et de nos chasseurs d'y
persévérer malgré tant d'inutiles efforts, et rebutés après quelques
courses, ils se retirent.

Courier du 2 Juillet.

De Langogne le 28 Juin.

La Bête féroce dévora la semaine passée une femme dans la longue
plaine des Plantas.

De Marvéjols le 23. Juin.

M. Antoine Lieutenant des chasses de S. M. arriva hier au
Malzieu avec plusieurs chiens* et 18 à 20 personnes, tous bons ti-
-reurs qui l'ont accompagné. Jeudi dernier 20 de ce mois, la Bête féroce
dévora un enfant de 8 ans entre Sauguen et le Malzieu. Des Paisans
qui la virent de loin se jetter sur lui accoururent vainement pour le se-
-courir. La Bête les voiant venir prit cet enfant par un bras, et l'empor-
-ta dans un Bois voisin, on eut beau y chercher, on n'y trouva ni sa

* 16 Gardes-chas-
tant du Roi que du
Duc d'Orléans du
Pce. de Condé, et du
Duc de Penthièvre,
et 8 chiens de la
Louveterie.

proye, ni elle. Le lendemain Vendredi, elle dévora encore une fille de
15. ans à Faifel P.sse de Ventuejols. On dit même qu'elle a dévoré une
3.e personne, mais on ne désigne ni l'endroit ni le jour, ce qui rend le fait
douteux.

Courier du 9 Juillet.
De Malzieu le 25 Juin.

Un jeune garçon de 11 ans dévoré le 21 Juin P.sse de Ven- tuejols.

Le 21 de ce mois la Bête féroce dévora à Depini P.sse de Ventuejols un jeune
garçon de 11 ans, et après lui avoir séparé la tête du corps, lui rongea les
hanches, les cuisses et la poitrine. une heure après à Souzet, même
paroisse de Ventuejols, elle se jetta sur une fille de 45 ans à qui elle sépara aussi
la tête du corps, et dont elle rongea plusieurs membres. Enfin ce même jour
encore, s'étant transportée à Combery P.sse de Clavieres elle y saisit par
le milieu du corps une fille de 12 ans, qui gardoit le bétail à peu de distance d'un jeune garçon son frere; la porta avec une agilité et une aisance surprenante à plus de 250 pas, passant même sous certains arbres près desquels
leur longueur sur des piquets hauts de 3 pieds qui servent de haies à des
héritages, et se déchargea de son fardeau dans un Bois sans lui avoir fait
jusquelà d'autre mal que de lui déchirer ses habits; mais elle n'en auroit
pas été quitte à si bon marché, si le petit garçon averti par les cris de
sa soeur, et guidé dans le Bois par le fil des fuseaux que cette fille avoit en
tenant à sa quenouille, qui se dévidant servit au petit garçon de guide
pour courir après jusqu'au Bois où il la trouva toute effraiée, criant et
répétant. Mon Dieu Sauvez-moi. voilà le récit fidèle qu'a fait de cette
aventure le Fermier de Combery. Mais le consul de Clavieres d'après le
compte qu'il est venu rendre à M. d'Enneval, a ajouté que le petit garçon
avoit donné un coup de bayonnette à la Bête dans la gorge. Le lendemain 22 des Païsans qui venoient à notre Foire la virent à 5 heures
du matin dans les Bois de Tercieres à 3 lieues de Combery. M. Antoine

Porte-arquebuse du Roi, et Lieutenant de ses chasses arrivés ici le même jour avec son fils chevau-léger, 18 gardes-chasse choisis parmi ceux du Roi et des Princes, et 4 chiens. M. M. d'Enneval aussi zélés pour le bien public que peu jaloux de leur propre gloire, ont vu arriver ce nouveau renfort avec plaisir. Le 23 jour de chasse générale tous ces Messrs aiant avec eux toutes les forces commandées se rendirent sur la montagne de la Margeride, ou après avoir battu tous ces cantons ils se séparèrent; Mr. Antoine se rendirent à Saugues avec les garde-chasse, et Mr. d'Enneval avec Malzieu avec leurs gens. Par cette double position en Mr. s'aiant entr'eux tout le terrain entre Saugues et Malzieu qui est celui que la Bête parcourt le plus ordinairement, se trouvent à portée de donner du secours dans l'occasion, et de commander à propos les forces; surtout si on met en garnison les garde-chasse dans les villages de cette partie de la Margeride, ou à la moindre apparition de la Bête, ils seront en état de marcher avec les habitans du lieu, d'investir le terrain ou elle aura paru, et d'en donner avis à Mr. Antoine et d'Enneval. Aujourd'hui 25 M. M. d'Enneval se sont rendus à Saugues pour concerter avec M. M. Antoine les manœuvres les plus propres à opérer notre délivrance.

Courier du 16 Juillet.
De Marvejols le 7 Juillet.

Il y a 15 jours que la Bête féroce n'a commis aucune hostilité contre l'espèce humaine, au moins que l'on ait sçu. On prétend que pendant cet intervale elle s'en est tenue à manger beaucoup de lièvres. Depuis le même temps à peu près elle s'est éloignée d'ici et se tient du côté de Saugues sans toutefois se montrer à Mr. Antoine qui s'y prend et auroit grande envie de la voir. Il a avec lui* 5 chiens et *8. et 16 Gardes.

[notes en marge : Le 7 Juillet il y avoit 15 jours que la Bête n'avoit attaqué personne. elle s'étoit tenue, dit-on à manger beaucoup de lièvres. 18. Gardes.]

P. S. On apprend que la Bête a reparu, et qu'ayant hier elle a atta-qué à Juliangex une personne qui fut secourue assez promptement pour n'en avoir reçu aucun mal.

Courier du 19 Juillet.

De Marvejols le 10 Juillet.

Le 4 Juillet Le 4 de ce mois la Bête féroce attaqua un garçon et une fille tous
une vieille femme
de 68 ans âgée deux fort jeunes; mais ils furent heureusement secourus assés à temps
~~qui parle la Bête~~
pour qu'elle ne pût leur nuire. Après cette vaine tentative elle atta-
                    + une vieille
qua à . . . . +femme de 68 ans, et l'égorgea, mais presqu'en
pure perte; car trouvant apparemment sa chair peu succulente
elle en mangea si peu que ce n'étoit pas la peine de l'avoir tuée.
M.r Antoine chasse vigoureusement ce pernicieux animal, et encoura-
-ge tout le monde par des récompenses, Il exerce les paisans à tirer,
donne 6 l.t à celui qui approche le plus du but, et promet à tous de
conduire lui-même au Roi celui qui aura tué la Bête; enfin il n'ou-
-blie rien pour donner de l'émulation à nos chasseurs et y réüssit à
merveille.

Courier du 23 Juillet.

De Paris le 15 Juillet.

Les dernières lettres reçües du Malzieu en date du 6 portent qu'après
avoir été 8 ou 10 jours sans entendre parler de la Bête féroce on
avoit oüi dire le 2 d'après le rapport des Religieux de l'Abbaie de
l'Aubrac qu'elle avoit tué une personne du sexe à quelque distance
de chez eux; mais l'Historien qui donne pour douteux les faits qui le
sont, et n'affirme que ceux dont la certitude est reconnüe, ajoute
que comme on ne nommoit pas la personne, et qu'on ne disoit ni le
jour ni l'heure, le fait paroissoit fort incertain. Il n'en est pas de
même de ceux qui suivent; il les donne pour certains, et puisqu'il
sçait douter, lorsqu'il y a sujet de doute, il mérite d'être cru lorsqu'il
affirme. Le même jour, ajoute-t-il, le Courier du Malzieu à Mende
s'en retournant avec un autre h[omm]e âgé d'environ 60 ans, et se
trouvant vers le midi entre Serverette, et S.t Amand rapoit du
tabac et tenoit sa bayonnette sous son bras; dans ce moment ils

apperçurent la Bête sur le grand chemin ; elle vint à eux, s'élança
sur le cheval du Courier, lui fit deux blessures sur les croupe à 4
doigts de distance l'une de l'autre ; la plus haute a 6 doigts ½ de
long tirant vers la fesse, celle du dessous un pouce ½ de large
et autant de profondeur. On questionna ce Courier qui répondit que
lorsqu'il vit la Bête acharnée sur son cheval, il laissa tomber sa
cape et lui détacha un coup de baionnette dans la cuisse. Le 14 la
Bête fut vüe à la pointe du jour par un Douanier sur les côte de
Guinigal peu distante du Malzieu ; delà elle passa à Broussolac
passé de Lorcieres en Auvergne, ou elle attaqua entre onze heures et
midi une femme âgée d'environ 55 ans nommée Marguerite
Jalotellier gardant des vaches accompagnée d'une petite fille âgée
de 12 à 13 ans. La Bête sauta sur la vieille qui étoit assise et
filoit, la prit par le col, lui perça les deux jugulaires et lui déchira
avec ses ongles la partie charnüe des joües au point que toutes les
muscles en étoient détachés. La Bête se contenta de lui sucer le
sang, et elle ne prit la fuite que par les cris de la petite fille que
la vieille avoit envoiée détourner ses vaches d'un bled. Celle là n'entendant pas répondre sa compagne, la chercha, et la trouva morte
et traînée à environ 20 pas de l'endroit ou elle l'avoit laissée. alors
elle cria au Secours, tous les Païsans du village y accoururent et
entr'autres un jeune hôe qui à son arrivée apperçut encores la Bête
se relevant au petit pas. il voulut courir après, mais loin de fuir,
elle lui fit face, ce qui effraïa tellement ce jeune hôe qu'il en a actuellement la fièvre. Les autres Païsans poursuivirent la Bête le
long de la côte, qui sans paroître épouvantée regagna les bledes, et
fut ensuite sur le Pré de Juilhanges, ou elle attaqua sur les deux
heures après midi la fille du Maréchal, à qui n'aiant pu faire
aucun mal, parcequ'elle fut promptement Secourüe, elle repassa la
Montagne de la Margeride. Des faits si bien circonstanciés

se roient paroître certaines quand même ils n'auroient pas pour garant la Sincerité de celui qui les raconte et les donne pour telles.

Courier du 30 Juillet.

De Langogne le 13 Juillet.

Les environs des Saugeas sont les lieux ou la Bête féroce sejourne le plus, et se montre plus souvent, et se Signale le plus par ses carnages. C'est auprès de ce lieu l'Etg de Venteuejols qu'elle a attaqué dans le courant de cette Semaine un Berger qui quoique très robuste, et se défendant vigoureusement dans un long combat qu'il soutint contre elle, en eut enfin été la victime s'il n'avoit été Secouru à propos. la peur qu'elle lui avoit faite jointe à l'agitation violente où ce combat l'avoit mis l'avoit troublé au point qu'oubliant son troupeau, et le chemin de son village, et marchant à l'aventure comme un aveugle, il fut se jetter dans un gouffre le long d'un ruisseau fort enflé par les fréquentes pluies que nous avons eu, et que nous avons encore, et Sans la rencontre de quelques Pêcheurs que le hazard conduisit dans cet endroit, et qui le tirerent de l'eau il y auroit misérablement péri.

Courier du 6 Aoust.

De Malzieu le 22 Juillet.

Aoust.

Mrs Antoine se sont établis à Sauget l'Etg de Venteuejols ou la Bête féroce a déja fait tant de carnages, ils ont disperse les Gardes-Chasse en plusieurs endroits. ils ont fait nombre de battües, et ils sont presque toujours à l'affut dans les Bois. Mr D'Enneval les Secondent parfaitement dans toutes leurs opérations. la Bête féroce n'a point fait parler d'elle depuis quelques jours. le 7 de ce mois on fit une chasse générale ou M. d'Enneval fut blessé, pieds-à-... s'étant embourbé, et ne laissant pas malgré cet accident d'agir avec son zèle ordinaire. le 10 ha

V. le courier du 3 7bre ou une lettre du Malzieu et que Mr d'Enneval partirent le 18 Juillet.

Bête étoit couchée dans une chênevière, où elle reposa pendant
3 heures, malgré le bruit que faisoient dans un champ voisin
trois laboureurs qui chantoient et crioient pour se délasser de leurs
travaux. mais deux Sœurs claristes quêteuses allant de châtelier
à Paladine et passant des la chênevière, la Bête sans respect pour
les voile ni la guimpe alloit se jetter sur les Saintes filles, si les laboureurs n'y fussent accourus pour la mettre en fuite. Le 11. M.
l'Intend[ant]. d'Auvergne envoia à M. Antoine 17 Harpons, arme
très propre à retenir la Bête, si on la pourroit approcher d'assez
près pour lui en faire sentir la pointe, puisque c'est un fer très
large en langue de Serpent avec deux crochets qui retiendroient
la Bête si elle vouloit s'échapper après le coup porté. Cette arme
est ajustée au bout d'un gros bâton de la longueur de 5 pieds
où l'on a ménagé à un pied ½ de l'harpon une espèce de boule
faisant un même corps avec le bâton afin que celui qui s'en servira
puisse s'en servir plus aisément pour tirer la Bête à lui, et une
autre boule plus haut pour avoir un point d'appui ferme pour
l'enfoncer avec plus de force. L'instrument est bon en lui même,
il ne s'agit que de trouver l'occasion d'en faire usage. On doute que
la Bête trop rusée la fasse jamais naître. Le 14 chasse générale
sur les montagnes où les Mess[ieu]rs se distinguèrent par leurs fatigues et
leur Sagacité à découvrir les tanières de la Bête, mais sans aucun
succès que de nous convaincre de leur zèle et de leur habileté. Le
17 deux petits garçons voiant venir la Bête à eux d'un pas lent
s'entr'encouragent, et ne découvrant pas de voye pour éviter leur
rencontre, ils montèrent tous deux sur un arbre; la Bête vint au
pied de l'arbre, disperse d'un coup de patte un fagot de bois qu'ils
avoient fait, chercha quelque temps dans les Broussailles, et aiant
entendu un de ces enfans qui disoit à l'autre de n'avoir pas peur

elle vint au pied de l'arbre, se dressa contre, et commença à faire
des efforts pour le grimper, lorsqu'un étranger qui étoit à cheval
l'obligea de s'éloigner, et fit descendre les enfans qui le suivirent
jusqu'au village. hier 21 on publia et afficha une Ordonnance
du P[rési]d[en]t de Moncan qui enjoint d'obéir soigneusement, à tout ce que
M. Antoine ordonnera ou le Commandant à cet effet, par les ordres
du Roi.

Courier du 23 Aoust 1765.

De Besset près Saugues le 11 Aoust.

Le Comte de Tournon Gentilhom[me] du haut Vivarais est venu à
joindre M. Antoine pour chasser avec lui la Bête qui désole notre
pais; Il a amené une meute de 25 chiens, son Piqueur et deux
valets de chiens; le tout à ses frais et dépens tant pour le voiage que
pour le séjour. Le Monstre qui nous cause tant d'allarmes, et depuis si
Longtemps enleva le 29 du mois dernier, du milieu de ses parens un
enfant de 13 ans du lieu d'Auvers à 200 pas de ce village, l'emporta
dans un Bois, et le dévora après lui avoir ôté sa veste et sa chemise presque sans les déchirer. le 3 de ce mois un autre enfant du
lieu de Servieres, aagé d'environ 10 ans qui se trouvoit au milieu
de son père, de sa mère, et d'une grande Sœur de 20 ans fut enlevé
de même par cette cruelle Bête, qui le porta sans exagérer plus de
400 pas à la montée, lui fit franchir 5 murailles de 4 à 5 pieds de
hauteur, lui fit 3 trous à la tête, 5 aux épaules, et lui fendit une
joüe du haut en bas. C'en étoit plus qu'il n'en falloit pour le tuer;
cependant il n'en est pas mort et n'en mourra pas; il commence à
se rétablir. Le 9 on délivrera avec les honneurs, la Bête féroce dans
les Bois de Servieres, et l'aiant investi autant qu'un Bois qui est
apei grand pouvoit l'être par une 20[ain]e de tireurs le C[om]te de Tournon
la fit attaquer par ses chiens qui la suivirent une demie heure dans le
Bois avec grand bruit mêlé au son des cors; après quoi elle débusqua

Sans qu'on pût la tirer, et se fit poursuivre encore une bonne heure;
et come M.ʳ Antoine et le Comte de Tournou avoient peur que ce grand
bruit ne l'épouvantât, et ne lui fit quitter ce pais qu'ils commencent
à bien connoître, ces braves chasseurs firent rompre leurs chiens et se
retirerent chez eux sur les 5 heures du Soir; mais il étoit à peine
7 heures qu'ils entendirent de grands cris: ils sauterent vite à leurs
armes, et étant arrivés au lieu d'où ils partoient, ils y trouverent une
fille de 20 ans que cette cruelle Bête venoit d'égorger. Cette Infortunée
fut surprise par derrière, et à peine eut-elle criés, que la Bête l'eut
emportée dans le Bois; mais les Bergers poussèrent tant de cris qu'elle
n'eut pas le temps de la dévorer. Cette fille est du Village de la
Bessière. Les chasseurs revirent du pied de la Bête en plusieurs
endroits, et se persuadèrent que ce ne pouvoit être autre chose
qu'un loup: des Paisans de bon Sens qui l'ont vûe l'assurent de même;
car il ne paroît absolument pas qu'elle ait de griffes. Le même
jour après avoir égorgé cette fille la Bête attaqua un enfant de
12 ans qu'un homme défendit, et qui n'eut point de mal. Elle
voulut aussi attaquer deux ou trois grandes personnes, mais elle en
fut heureusement détournée tant par secours, que parcequ'elles se
défendirent. Cependᵗ. M.ʳ Antoine, et le Cᵗᵉ de Tournon ne doutent
pas de tuer ce pernicieux animal; mais jusqu'à présent ils n'ont
presque pas eu un jour de beau temps, la pluie n'aiant pas
discontinué. D'ailleurs les Blés ne sont pas encore coupés, et tant
qu'ils seront sur pied, on ne peut y chasser la Bête sans faire de
grands dégâts, c'est cependant la retraite qu'elle affectionne le plus,
soit qu'elle s'y trouve plus en sûreté, soit qu'elle y trouve plus de
commodité pour y épier les Bergers ou Bergères.

Courier du 27 Aoust 1765.

.Du Besset prés Saugues le 14 Aoust.

Les opérations contre la Bête féroce se continüent toujours avec la
plus grande ardeur, et toujours sans succés. le 11 de ce mois on fit
dans trois différens endroits trois grandes Battües dont l'üne étoit
commandée par Mr. Antoine pere et fils; l'aûtre par Mr. de la
Fond frere du Sindic du Gévaudan, et la 3e. par le Curé de Tournon. Mais côe parmi les Batteurs qui étoient partis de plusieurs
Lieux pour arriver au rendez-vous; il y en eut plusieurs qui pour
couper court passerent imprudemment par un Bois qu'on devoit battre
leur bruit épouvanta la Bête, et lui fit vuider le Bois avant que les
Tireurs fussent arrivés à leur poste. On ignoroit cependant qu'elle
eut délogé, et on continuoit les battües lorsque le Curé de Paulhac
vint à toutes jambes à une heure aprés-midi avertir que sa servante
jeune fille de 19 à 20 ans revenant avec sa Sœur cadette âgée
d'environ 16 ans d'une métairie fort proche de Paulhac, et se trouvant à 100 pas de ce village entre deux petits Ponts de Bois, dans un
Sentier bordé de feüillages fort épais des deux côtés, avoit vu entour-
nant la tête la Bête à ses trousses, et prête à s'élancer sur elle
et sur sa Sœur. Elle avoit heureusement dans la main l'arme devenüe commune dans nos quartiers depuis que la Bête y fait ses carnages;
c. à d. au bout d'un bâton une bayonnette tranchante des deux côtés
d'un ½ pied de long sur un pouce et ½ de large. avec cette arme
elle repoussoit la Bête, tandis que ses cris et ceux de sa Sœur ap-
pelloient du Secours. au moment que la Bête se dressoit sur ses
jambes de derriere, aprés plusieurs élancemens inutiles, pour lui.
livrer un nouvel assaut, la fille lui porte un grand coup dans
le poitrail, et la renversa. la Blessure dut être cuisante; la

été en criâ, elle y porta la patte, se frotta, après quoi elle se
roula dans l'eau et vuida le champ de bataille. Sur cet avis le Cte
de Tournon se transporta sur le lieu, et reconnut de même que les
valets de limier aux traces de la Bête que c'étoit la même qui élude
depuis si longtemps les poursuites et les armes des plus grands chasseurs.
Il jugea en même temps en voiant la bayonnette ensanglantée à
3 pouces de longueur depuis la pointe que la blessure étoit profonde,
et devoit être dangereuse. cependant elle n'a pas empêché la Bête de
s'éloigner bienloin, puisqu'après l'avis de cette aventure, on l'a cher-
chée avec les chiens, et on la cherche encore inutilement.

Courier du 3 7bre

Extrait d'une Lettre de Malzieu le 14
Aoust.

MM. d'Enneval partirent le 18 Juillet pour se rendre à Paris,
et delà où leur famille ou leurs affaires domestiques les appellent.
.... M. Antoine continue ses chasses avec beaucoup d'activité et de vigilance, et non content des poursuites qui se font
durant le jour, il poste des sentinelles à l'affût pendant la nuit.
...... Quoiqu'il se tienne avec ses gens dans la partie de la
montagne que la Bête parcourt, elle y continue ses ravages comme
s'il n'y étoit point. Le 23 Juillet elle dévora à aubert Psse au
routrocoles un jeune garçon de 11 ans dont on ne put retrouver
les membres dispersés que le lendemain. Le 27 elle attaqua à
Roussillon Psse de Ruines 2 enfans qui s'étant défendus avec
après d'adresse pendant un quart d'heure furent heureusement secourus.
Le 29 elle attaqua à Servières village fort près de Venlaujols et
de Sauzet ou M. Antoine demeuroit un enfant qu'on lui arracha,
et à qui elle n'eut que le temps de déchirer la machoire. Le 9 aoust
elle dévora une fille au Besset ou M. Antoine fait à présent
sa résidence, et dans sa retraite après un tel exploit, elle attaqua
auprès de Bachelerie, Psse de Paulhac un jeune garçon qui lui aiant
présenté sa bayonnette d'un coup de patte elle détourna le coup

saisit le jeune homme par le côté, le culbute et le retira sans lui faire
d'autre mal que de de déchirer son habit ; du même pas elle courut après
une fille qui aiant été secourüe à propos en fut quitte pour la peur. —
Le 11 La servante du Curé de Pauliac fille robuste, hardie, et adroite ; allant
à Broussous avec une de ses sœurs, fut attaquée par la Bête dans un
Sentier où coule un ruisseau, et garnie de pierres ; La Bête sortie d'une
broussaille, se présenta à cette fille, se cabra pour s'élancer sur elle, et dès
l'instant cette Amazone Lui porta un coup de baionnette dé le poitrail, qui
entra à deux pouces de profondeur. [Le reste du détail de cette aventure
est le même que de le courier précédent] Mr Antoine et Les autres
chasseurs des environs, avertis par le Curé de Pauliac se rendirent
dans l'instant sur le lieu, trouvèrent les traces du sang sur le sable,
et Les chiens du Cte de Tournon Seigr qui est venu du Vivarais pour ly
chasser cette Bête trouvèrent la voie, mais sans succès, parceque la
nuit empêcha les poursuites. M. Antoine fit prêter serment à cette
fille sur la vérité de tout ce détail.

Courier du 6 7bre
Paris le 29 aoust.

Mr d'Ennevalle père a eu l'honneur de voir le Roi à Compiègne.
Un détachement de Piequeurs et de chiens de la Louveterie va partir
de Versailles par ordre de S. M. pour aller joindre M. Antoine.

Courier du 10 7bre
Paris le 31 aoust.

On sçait fort peu de chose de la Bête du Gévaudan, supposé qu'il
n'y en ait qu'une ; car M. Antoine prétend que ce sont des loups d'une
espèce plus carnacière que les loups ordinaires, ainsi au lieu d'une
Bête à détruire, il pourroit y en avoir plus de 30 ; ce calcul n'est pas
consolant.

Courier du 20 7bre.
Extrait d'une lettre du Puy en Velay le 10 7bre
» Le Cte de Tournon après avoir chassé La Bête du Gévaudan, et

» Supporté beaucoup de fatigues et de travaux dans cette pouxsuite
» pendant un mois et demi arriva hier au soir ici accompagné de
» M. d'Apinac fils, ancien Officier de Dragons et Chevalier de S. Hu-
» -bert de cette ville suivi de son Equipage composé de 3 Piqueurs
» donnant du cor, et de 30 chiens. Il fit son entrée, portant sur son
» chapeau en façon de cocarde une partie de la peau du funeste
» animal qui a désolé si longtemps nos montagnes. Quoique la Provin-
» -ce ne lui ait pas à proprement parler l'obligation de sa défaite, il
» n'en est pas moins vray qu'il n'a rien epargné pour avoir part à ses
» glorieuses dépoüilles &c.
» Le 29 du mois dernier M. Antoine et le C.te de Tournon faisant
» faire une battüe au Bois noir; le nommé Rinchard Garde du Duc
» d'Orléans tira la Bête de 109 pas. La bale lui donna dans la cuisse
» gauche en biaisant traversa toute la capacité et s'arrêta à l'épaule droite
» entre cuir et chair. Cecy se passa sur les 6 heures du soir. Voiant que la
» Bête faisoit sang on lui donna les chiens qui la chasserent jusqu'à la
» Vederine Saint loup à deux grandes lieües delà ou elle expira. Les chasseurs
» suivirent tant qu'ils purent, mais inutilement. Surpris par la nuit ils ne
» purent scavoir ou les chiens l'avoient laissée. Enfin deux ou trois jours après
» un paisan la trouva commençant déjà à sentir, et la porta à S. Flour
» comme un loup ordinaire. ces Mess.rs n'eurent nouvelle de cela que quatre
» jours après qu'elle eut été présentée au Subdelegué. Sur cette nouvelle M.
» Antoine envoia son fils avec deux Gardes-chasse du Roy pour réclamer
» la Bête; mais quelle fut sa surprise quand on ne lui rapporta que
» la peau mal dépoüillée la tête coupée ainsi que les oreilles. Le corps
» qui avoit été jetté dans l'eau fut repêché, et l'on reconnut que c'étoit
» le même pied de la Bête dévorante, étant remarquable surtout, étant
» remarquable surtout par le gauche de devant ou elle avoit été jadis
» blessée, et qu'elle portoit en dedans et à faux l'aiant tout usé ainsique
» les onglons, et le côté en dehors tout neuf. Quant à la couleur du poil,

» il est précisément cõe celui d'un veau, et même beaucoup plus court ce-
» -qui a surpris tous les connoisseurs. à ces indices personne ne doutant plus
» que ce ne soit la Bête féroce qui a fait tant de ravages, le Cte de Tour-
» -non ne se croiant plus utile s'est retiré avec son équipage. Il a ajouté
» que cet animal étoit accompagné d'une Louve qui a de jeunes Louveteaux.

Cette Lettre part d'une main bien respectable, mais non pas de celle qui a tué
La Bête dont il s'agit, et quand cela seroit il ne s'ensuivroit pas nécessai-
-rement que cette Bête tuée fut la même dont le Gévaudan a tant à se plain-
-dre; c'est ce que le temps nous apprendra.

Courier du 1er 8bre

D'avignon le 30 7bre

Quelque positive que paroisse par la Lettre insérée dans le courier
précédent La nouvelle du départ du Cte de Tournon pour retourner
dans sa Province, et la mort de La Bête féroce tuée par le S. Reinchard
le 29 avust (nouvelle que cependant le Gazettier avoit annoncée,
avec une sorte de défiance,) on est tout étonné de voir dans ce courier
La Lettre en question démentie par une autre Lettre du même lieu
de même date que celle du Puy c. à d. du 10 7bre qui non seulement
ne fait aucune mention de la mort de ce cruel animal,
—————————, mais qui suppose le Comte de Tournon toujours
en Gévaudan avec M. Antoine.

Cette Lettre porte en substance que M. Antoine, le Cte de Tournon,
et plusieurs autres chasseurs malgré tous leurs efforts non seu-
-lement n'ont pas encore pu tuer la Bête féroce mais qu'ils ne
peuvent pas même arrêter ses ravages; elle raconte ensuite
plusieurs attaques faites par elle sans effusion de sang les 18 avust
et 2 7bre; et le 6 de ce dernier mois la mort d'un enfant de sa ma-
dévoré Psse de Paulhac, après qui elle parle d'une Messe solennelle
du S. Esprit que M. Antoine fit célébrer le 19 avust par le
Curé de la Bessière dans l'église de cette Psse précédée d'une
Procession, où il assista avec son fils, le Cte de Tournon, M.
de-

La Font. et tous les Gardes-chasse, Piqueurs &c.&c. en uni-
-forme et sous les armes.

N.B. [Par des informations que je me suis procurées de bonne part j'ai
Sçu qu'il étoit très vrai que le nommé Reinhard Garde-chasse
du D. d'Orléan avoit tué le 29 Aoust un très grand loup, qui
avoit été chassé comme étant la Bête ou le loup féroce qu'on l'on
en vouloit, et que lorsqu'on en eût examiné le pied, il y eut beau-
-coup de gens et même des Gardes-chasse de la Suite de St. An-
-toine qui soutinrent que c'étoit elle même. Il est vrai que
celui dont j'ai appris cela, qui étoit sur les lieux alors, m'a dit
aussi que ces Gardes-chasse ennuiés du séjour de ce païs, et
mécontens des appointemens qu'on leur donnoit, agissoient ainsi
par complot. Mais je pense qu'il y a dans tout ceci un dessous
de cartes à démêler pour être bien au fait de la verité. Quoi.
-qu'il en soit je me suis assuré par la même voie qu'au 15
7bre le comte de Tournon n'étoit plus en Gévaudan ; quoiqu'on
n'ait pu me dire le jour précis de son départ ; ainsi la lettre du Roi
du 19 7bre peut ne s'être trompée qu'en donnant trop legérement
la mort du loup tué le 29 pour celle de la Bête dévorante.]

Courier du 8 8bre

De Gévaudan le 24 7bre

L'animal qui fut poursuivi le 29 aoust par les chiens du comte
de Tournon et tué le soir par Reinhard Garde de M. le D. d'Orléans
paroissoit à bien des marques être celui qu'on regardoit ici le seul
auteur de nos maux ; sa taille extraordinaire, son poil et sa couleur
semblables au poil et à la couleur d'un veau, la posture où on l'avoit
vu quittant de petits enfans qui gardoient des vaches dans un Bois, tout
cela lui donnoit une exacte ressemblance avec l'idée qu'on avoit de lui ;
Bête qu'on croioit avoir à détruire. Le Cte de Tournon s'y trompa
ainsi les autres, et ne se croiant plus necessaire dans nos quartiers se
retira chez lui, mais depuis son départ une funeste expérience nous

... contrairait que l'animal qui périt aujourd'hui là n'en étoit qu'un entre les autres, et qu'il laissoit des survivans de son espèce aussi mal-intentionnei que lui.

Fille de 12 ans dévorée le 8 7bre Psse de Paulhac.

Le 8 de ce mois (de 7bre) un loup enleva sur la Psse de Paulhac une fille d'environ 12 ans qui ne fut trouvée que le lendemain matin à 800 pas de l'endroit où elle avoit été prise. On s'étonna de la force de cet animal qui avoit pu traîner à une telle distance sa proie dans un bois très fourré et des plus escarpés. Il y avoit une cuisse enlevée et coupée net.

Le 11, 3 Muletiers qui conduisoient six mulets, appercevant un loup qui sembloit vouloir les attaquer, l'un d'eux lui tira un coup de fusil chargé à cendre de 22 pas. L'animal loin de fuir, alla droit au feu, lui déchira sa guêtre et son chapeau, le renversa, et c'étoit fait de lui, si les camarades ne l'eussent sauvé.

Le 12, auprès de la Font du Faou en Auvergne deux enfans âgés l'un de 14 à 15 ans l'autre de 10 à 12 badinant ensemble dans un pré derrière leur maison furent attaqués sur les six heures ½ du soir par un loup qui prit le 1er par derrière et lui donna deux coups de dent à la nuque et deux au crâne, la résistance que fit celui-là lui aiant fait lâcher prise, il sauta sur l'autre et l'emporta à 50 pas; le premier se releva, ramassa son bâton garni d'une baïonnette, et courut au secours de son camarade, mais malgré ce secours, le plus jeune eut le gosier percé de deux coups de dent et une joüe emportée.

Fille de 12 ans dé-vorée le 13 Psse de Ventuejols

Le 13, une fille de 12 ans du village de Pépuget Psse de Ventuejols fut dévorée par un loup à l'entrée de la nuit. Ses parens la croïant dans quelque maison du voisinage ne se mirent point en peine, jusques sur les 8 ou 9 heures que ne la voïant point revenir, ils allèrent avec d'autres à l'endroit où elle avoit gardé des Bestiaux. Ils n'y trouverent que ses effets, mais le lendemain on trouva à 50 pas de là sur le bord du bois le cadavre tout rongé et méconnoissable.

Le Cte de Tournon informé de tous ces faits par le détail que lui en a envoié M. Antoine, et invité à venir le rejoindre y est tout disposé et nous espérons le revoir dans peu de jours.

Courier du 15 8bre

D'avignon le 14 8bre

Nous venons d'apprendre que le C.te de Tournon dans le temps qu'il montoit à cheval pour aller rejoindre St. antoine et se remettre à chasser avec lui la Bête féroce du Gévaudan, un Exprès lui rapporte une Lettre de Sa part qui contenoit La Relation Suivante.

» Le 16 7bre au soir il nous arriva un Levrier, deux Limiers, 8
» chiens courans de La Louveterie, et un bon Limier de Fontainebleau
» un valet de Limiers avec un valet de chiens pour les faire chasser.
» Le 18 Trois valets de Limiers furent coucher avec Charles pour prendre
» connoissance S'il y avoit des loups. Le 19 au matin ils nous
» mandèrent avoir vu un très grand Loup une Louve et des Louveteaux,
» ce qui nous y fit rendre tout de suite. Leur rapport du Lendemain
» fut qu'ils avoient détourné le Loup, La Louve et les Louveteaux
» dans une enceinte assez favorable ou nous fumes Les fouler avec
» nos chiens. M'étant posté à 20 pas d'une plaine sur une croisée
» de 3 ou 4 sentiers qui y aboutissoient je crus debvoir voir venir
» à travers les feuilles un âne ou un Muleton, mais à 50 pas
» je reconnus que c'étoit un Loup qui S'y étoit arrêté, aiant le côté
» droit couvert de feuilles, et La tête à découvert en La repliant
» Sur le côté. En L'instant je me dépêchai de le tirer avec ma ca-
» -nardière chargée de 5 coups de forte poudre de 33 postes à loup
» avec une bale de calibre dessus ; ce coup me fit reculer deux pas,
» mais le Loup tomba. Je Sifflai ma fanfare, je criai Halaly Sur
» le plus haut ton, ce qui fit relever cet animal qui pour lors me
» parut un monstre de tout point, et Surtout par Sa grandeur ; je
» m'apperçus que La bale lui avoit percé L'œil droit, et qu'il S'ap-
» -prochoit en tournoiant, à la distance de 10 pas de moi qui n'étois
» en Le temps que de mettre de La poudre dans ma canardière.

» J'avoüe que j'eus un peu peur ce qui me fit tirer mon couteau de
» chasse pour le ficher en terre à côté de moi. Je retournai ma carab-
» -dière pour l'assommer avec la crosse, et je me rangeai par prudence
» un peu sur la gauche. j'évitai par ce moyen sa furie qu'il fit jetter
» sur des terres qu'il mordoit et secoüoit de la bonne façon, ce qui me
» força d'appeller à mon secours le Sr Reinchard posté tout prés de moi
» qui accourut en me disant Où est-il? Je lui répondis tiens voilà son
» cul tout à l'air, et sur le champ il lui tira un coup de carabine qui
» lui servit de lavement; l'animal sortit en plaine à 30 pas où il
» tomba roide; nous chassâmes ensuite les louveteaux qui se serrerent
» dans les rochers; le lendemain nous fîmes faire l'ouverture de cet ani-
» -mal, après avoir trouvé qu'il pesoit 130 livres, et qu'il avoit 5 pieds [*]
» 3 pouces de longueur. Le Chirurgien de Saugues n'apperçut dans
» son corps que quelques os de mouton. Du reste il a toute la ressem-
» -blance que l'on a donné à la Bête dévorante. Ayant fait venir
» plusieurs personnes qui avoient été blessées et attaquées ou qui avoient
» vu la d. Bête, elles ont déclaré la reconnoitre pour telle, ce qui m'a
» engagé de l'envoier tout de suite à Clermont à M. l'Intendant qui
» m'a mandé qu'il alloit la faire embaumer, et qu'il seroit à propos que
» mon fils la portât au Roi, parce qu'après l'examen qu'ils ont fait à
» Clermont suivant une observation de M. de Buffon, ils y trouvent
» beaucoup de ressemblance avec la Hiene, tant par le nombre et la
» position des dents qu'ils jugent différentes de celles des loups que par
» bien d'autres circonstances. Mon fils vient de repartir pour Clermont
» avec le Sr La Côte pour y prendre cette Bête et la porter au Roi,
» la faire peindre et modeler en Bois recouvert de sa peau afin de la
» montrer aux curieux au profit des Gardes qui sont restés ici. Nous
» allons demain coucher aux Chazes, parce que M. de Balainvilliers
» m'a mandé qu'il seroit très à propos de détruire absolument le reste
» de la famille de ce monstre. Si nous les trouvons, nous aurons lieu
» d'espérer de faire une jolie chasse, parce que les chiens sont à présent
» en bon état de chasser.

[*] c. à d. depuis le bout du museau jusqu'au bout de la queue.

« Nous vous attendons, Monsieur, avec la plus grande impatience.
« Si vous avés quelques chiens que vous desiriés mettre à chasser le
« Loup, faites les venir, nous les ferons chasser de nôtre mieux, étant
« aidés de 6 Valets de Limiers qui vont au Bois les jours de chasse.
« on nous a averti qu'il y a au dessus de la Font du Traux une
« portée de Louveteaux avec deux grands Loups que nous pourrons
« aller chasser Lundi 30 du courant; Si vous pouvés arriver, Monsieur,
« nous ferons nôtre possible pour vous amuser.

Courier du 18 8bre

Du Puy en Velay le 10 8bre

L'animal que M. Antoine a tué aiant Laissé des Survivans de
Son espéce, le Comte de Tournon a engagé deux Gentilshommes de
Ses voisins, M^{rs} Du Bay et de La Garde à Se joindre à lui avec
leurs équipages; et malgré les pluyes qui ont regné durant quelques
jours, et l'approche de la mauvaise Saison, ils ont passé par nôtre
ville le 1er de ce mois dans le dessein de ne point abandonner M.
Antoine que quand leur Secours ne lui sera plus utile.

RELATION

vendüs dans les rües pour la 1re fois le Dim. 17 Mars.

De la Figure & des Désordres commis par une Bête féroce qui ravage le Gévaudan depuis plusieurs mois :

Avec la Description d'un Combat remarquable que plusieurs Enfans soutinrent contre ce cruel Animal.

Dans le mois de Juin dernier, une Bête féroce parut dans le Gévaudan près Langogne. D'abord elle étoit timide, & n'attaquoit qu'avec foiblesse. Bientôt elle devint audacieuse & cruelle. La premiere personne qu'elle attaqua, fut un Enfant de huit ans. Les Bœufs qui arriverent à tems, le secoururent. Quelques jours après elle attaqua une Femme près de Langogne, déchira ses habits, & ne lui fit d'ailleurs aucun mal.

Mais bientôt enhardie par la plus foible résistance, elle se jetta avec fureur sur ceux qu'elle attaquoit ; & l'on compte plus de cinquante à soixante personnes qui ont été les malheureuses victimes de sa cruauté.

Le 12 Janvier dernier elle attaqua cinq petits Garçons du Village de Villeret, Paroisse de Chanaleilles : les trois plus âgés avoient environ onze ans, les deux autres n'en avoient que huit, & ils avoient avec eux deux petites Filles à peu près du même âge. Ces Enfans gardoient du bétail au haut d'une montagne : ils s'étoient armés chacun d'un bâton au bout duquel ils avoient attaché une lame de fer pointue, de la longueur de quatre doigts. La Bête féroce vint les surprendre, & ils ne l'apperçurent que lorsqu'elle fut près d'eux : ils se rassemblerent au plus vite, & se mirent en défense. La bête les tourna deux ou trois fois, & enfin s'élança sur un des plus petits Garçons. Les trois plus grands fondirent sur elle, la piquerent à diverses reprises sans pouvoir lui percer la peau. Cependant, à force de la tourmenter, ils parvinrent à lui faire lâcher prise : elle se retira à deux pas, après avoir arraché une partie de la joue droite du petit Garçon dont elle s'étoit saisie, & elle se mit à manger devant eux ce lambeau de chair. Bientôt après elle revint attaquer ces Enfans avec une nouvelle fureur ; elle saisit par le bras le plus petit de tous, & l'emporta dans sa gueule. L'un d'eux épouvanté proposa aux autres de s'enfuir pendant qu'elle dévoreroit celui qu'elle venoit de prendre ; mais le plus grand, nommé *Portefaix*, qui étoit toujours à la tête des autres, leur cria qu'il falloit délivrer leur camarade, ou périr avec lui. Ils se mirent donc à poursuivre la Bête, & la pousserent dans un Marais qui étoit à cinquante pas, & où le terrein étoit si mou qu'elle y enfonçoit jusqu'au ventre ; ce qui retarda sa course, & donna à ces Enfans le temps de la joindre. Comme ils s'étoient apperçus qu'ils ne pouvoient lui percer la peau avec leurs especes de piques, ils chercherent à la blesser à la tête & sur-tout aux yeux. Ils lui porterent effectivement plusieurs coups dans la gueule qu'elle avoit continuellement ouverte ; mais ils ne purent jamais rencontrer les yeux. Pendant ce combat, elle tenoit toujours le petit Garçon sous sa patte ; mais elle n'eut pas le temps de le mordre, parce qu'elle étoit trop occupée à esquiver les coups qu'on lui portoit. Enfin ces Enfans la harcelerent avec tant de constance & d'intrepidité, qu'ils lui firent lâcher prise une seconde fois ; & le petit Garçon qu'elle avoit emporté, n'eut d'autre mal qu'une blessure au bras par lequel elle l'avoit saisi, & une légere égratignure au visage. Comme la petite troupe ne cessoit de crier de toutes ses forces, un homme accourut & se mit à crier de son côté. La Bête entendant un nouvel ennemi, se dressa sur ses pattes de derriere, & ayant apperçu l'homme qui venoit à elle, elle prit la fuite, & alla se jetter dans un ruisseau à une demi-lieu delà. Trois hommes la virent s'y plonger, en sortir & se rouler ensuite quelques temps sur l'herbe ; après quoi elle prit la route du Mazel où elle dévora un jeune Garçon de quinze ans. Le 21, elle se jetta sur une jeune Fille du même âge, qui heureusement fut secourue à temps, & dont les blessures, quoique considérables, ne se trouverent pas mortelles. Le lendemain elle attaqua une Femme à Jullianges sur la frontiere d'Auvergne, & lui coupa la tête.

Ce Monstre, après avoir demeuré quelque tems du côté de Langogne, passa à Saint Chely & à Saint Alban, petites Villes éloignées de sept à huit lieues du susdit Langogne. On a même vérifié que pendant le cours des mois de Décembre & Janvier, il a dévoré deux personnes dans le Rouergue, & trois en Auvergne. Ses courses se prolongent dans une étendue de Pays de plus de quarante lieues, dont le Gévaudan est toujours le centre ; & c'est dans ce Pays qu'il commet le plus de dégats.

M. le Marquis de : . : . : . : ordonna à M. *Duhamel*, Officier dans les Volontaires de Clermont, de partir avec cinquante Dragons, pour donner la chasse à cet Animal. Il fut en effet vigoureusement pourchassé pendant plusieurs jours : mais une fois particulierement, il fut investi dans un petit Bosquet, & y auroit été massacré, si M. *Duhamel* n'eût quitté son poste ; ce qui favorisa la fuite de ce Monstre qui passa incontinent dans le lieu même qui venoit d'être abandonné. On le tira de loin, mais il fut manqué. Deux Dragons à cheval le poursuivirent le sabre à la main, & peut-être l'eussent-ils joint, s'ils n'eussent trouvé un mur très-élevé que le Monstre franchit d'un seul saut, & qui arrêta les Dragons.

Les Etats Généraux du Languedoc, assemblés à Montpellier, promirent alors une somme de 2000 liv. à qui le tueroit. Les Diocèses de Mantes & de Viviers y ajouterent 400 liv. & depuis ce tems, SA MAJESTE' instruite & touchée des ravages que causoit cet Animal, a ordoné une gratification de 6000 liv. pour quiconconque le détruiroit.

Ce Monstre paroît moins redoutable par sa force que par son adresse ; il est cependant de la grandeur d'un veau d'un an, le poil rougeâtre, la tête grosse & plus brune que le Corps, les yeux éteincellans, la gueule presque toujours béante, les oreilles courtes & droites, une raye noire de la largeur de quatre doigts tout le long du dos, le poitrail blanc & fort large, la queue très-longue & fort grosse, rougeâtre, excepté le bout qui est blanc ; les pattes de derrière fort grosses & fort longues, celles de devant plus courtes & couvertes d'un long poil. Il a six Griffes à chaque pattes ; ce qu'on a reconnu par l'empreinte de ses traces sur la neige & sur la terre molle.

Lorsque ce Monstre est prêt d'attaquer sa proye, il hérisse son poil : il paroît les yeux éteincellants, fait craquer ses dents les unes contre les autres avec un fruit estroyable, & paroît avec une figure horrible & capable de porter l'épouvante. Dès que les Chiens le voyent ou le sentent, ils prennent la fuite, sans donner un coup de gueule. Le Taureau seul ou le Bœuf ont acquis le droit de lui tenir tête. Dès qu'ils l'appercoivent, ils lui courent sus, le poursuivent en mugissant, & ne le quittent point, qu'il n'aye abandonné le terrein. Plusieurs personnes n'ont conservé leurs jours qu'en se réfugiant parmi les troupeaux ; d'autres ont eu le courage de se défendre ; & cet Animal qui n'est redoutable que par la ruse, n'a pu les entamer.

Ce Monstre est d'une légéreté étonnante : il fait dans une heure un chemin immense, franchit d'un seul saut les murs les plus élevés ; il attaque toujours par derriere : d'abord en s'élançant dessus avec une rapidité qui ne donne pas le tems de se reconnoître, il saisit ses malheureuses victimes vers la nuque du col, les étrangle & boit leur sang ; de-là il sépare la tête du tronc ; & lorsqu'il n'a point le tems de les dévorer, il tâche de les enterrer, puis il vient les rechercher le lendemain. Il mange de préférence les bras & le sein. Une femme fut trouvée déchirée de la sorte : le reste du corps étoit enflé. Une fille qui a eu le bonheur d'être secourue à tems, rapporte qu'il l'avoit d'abord saisie au col, & l'avoit culbutée en lui mettant ses pattes de devant sur les épaules ; elle dit de plus qu'il avoit le souffle d'une puanteur infecte. Une tête a été retrouvée séparée du corps, décharnée, & les dents du Monstre empreintes sur le crâne.

Mais ce qui est le plus surprenant, c'est qu'on ne peut deviner d'où est venu ce Monstre ; car on n'a point entendu dire qu'il ait fait des ravages ailleurs ; & on ne peut se persuader qu'il soit né dans ce pays, ne s'y trouvant aucunes Bêtes féroces qui aient pû l'engendrer. Mais on augure seulement, qu'ayant beaucoup de ressemblance avec le Loup & quelque peu avec l'Ours, il peut venir d'un Ours avec une Louve. En effet une Louve s'étant rendue pleine dans les Montagnes des Alpes où l'on trouve des Ours, a pu se réfugier en cet état dans les forêts de ce pays, & y mettre bas ce Monstre qui ayant grandi & pris des forces, a exercé ses cruautés ; & ce qui confirme ce récit, c'est que des personnes ont assuré avoir vû deux de ces Bêtes à la fois, l'une plus petite que l'autre ; en second lieu, que cette Bête a fait des ravages dans deux endroits differens, presque à la même heure du jour ; & enfin que des personnes qui l'ont vue dans le mois de Juin, l'ont trouvée grossie du double, lorsqu'ils l'ont revue dans le mois de Décembre.

Voilà ce que l'on sçait de plus sûr touchant ce Monstre. On espere que les soins que se donnent les Chefs de la Province, joints aux récompenses promises par SA MAJESTE', & aux chasses continuelles ordonnées par Messieurs les Intendants, nous délivreront bientôt de ce fleau.

Vû & Approuvé ce 4 Mars 1765.

Vû l'Approbation, permis d'impr. ce 5 Mars 1765. DESARTINE.

De l'imprimerie de N. F. VALLEYRE le jeune, rue vieille Bouclerie, à la Minerve. 1765.

RELATION

GÉNÉRALE & circonstanciée de tous les Désordres commis par la Bête féroce qui ravage le Gévaudan & les Pays circonvoisins ; avec une Description curieuse, fidelle & exacte des Chasses qui ont été faites pour délivrer ces Pays d'un si cruel Animal ; le Récit des Combats que différentes personnes soutinrent contre cette Bête féroce ; l'Aventure du jeune Portefaix à la tête de ses Camarades ; celle de plusieurs autres Enfans ; l'Action merveilleuse & touchante d'une tendre Mere à la vue du danger qui menaçoit trois de ses Enfans ; & les Gratifications que SA MAJESTÉ leur a fait donner pour récompenser leur bravoure.

TOUT le monde a entendu parler de cette Bête féroce, que l'on croit être une Hyene, qui ravage depuis si long-temps le Gévaudan prés Langogne, & tous les Environs. Plusieurs Lettres particulieres avoient annoncé la destruction de ce cruel Animal ; ce qui commerçoit à répandre dans tous les esprits une soudaine joie ; mais on a appris depuis que ce n'étoit qu'un Loup qui avoit été tué dans le Limousin.

La premiere personne qu'elle attaqua, fut une Femme près de Langogne ; mais des Bœufs qui arriverent à tems, la secoururent, & elle n'eut d'ailleurs aucun mal, que ses habits déchirés. Cette Bête est la terreur des Chiens ; dès qu'ils la voyent ou la sentent, ils prennent la fuite sans donner un coup de gueule. Le Taureau seul ou les Bœufs ont acquis le droit de lui tenir tête ; dès qu'ils l'apperçoivent, ils lui courent sus, & ne la quittent point qu'elle n'aye abandonné la place. Plusieurs n'ont conservé leurs jours q l'en se réfugiant parmi les Troupeaux.

Elle attaqua le 12 de Janvier dernier cinq petits Garçons du Village de Villeret, Paroisse de Chanaleilles. Le plus âgé avoit environ onze ans, les autres n'en avoient que sept à huit. Ces enfans gardoient du bétail au haut d'une Montagne. Ils étoient armés chacun d'un bâton au bout duquel ils avoient attaché un fer pointu. La Bête vint les surprendre, & se jetta sur un des plus petits. Les autres fondirent sur elle avec intrépidité, & lui firent lâcher prise ; mais en quittant elle arracha une partie de la joue droite de celui qu'elle avoit saisi, & se mit à manger devant eux ce lanbeau de chair ; puis elle retourna à la charge, se jetta sur le plus petit de tous, & l'emporta dans la gueule. L'un d'eux épouvanté, proposa aux autres de se sauver, pendant qu'elle dévoreroit celui qu'elle venoit d'emporter ; mais le plus grand, nommé Portefaix, dit qu'il falloit délivrer leur Camarade, ou périr avec lui. Ces Enfans, ranimés par le jeune Portefaix, se remirent à poursuivre la Bête qui s'étoit engagée dans un Marais dont la terre étoit molle ; & ils la harcellerent avec tant de vigueur, qu'ils parvinrent à lui faire lâcher leur Camarade qui n'eut qu'une legere égratignure au visage. Comme cette petite Troupe ne cessoit de crier de toutes ses forces, un homme parut ; ce que voyant l'Animal, il prit la fuite, & tourna ses pas du côté du Mazel où il dévora un jeune Garçon de quinze ans. Le ROI informé de la bravoure du jeune Portefaix, lui fit donner 400 liv. de gratification, & 300 liv. pour partager entre ses Camarades.

Le 21 elle se jetta sur une jeune Fille qui fut heureusement secourue à tems, & évita la mort que cette Bête alloit lui faire subir. Le lendemain elle coupa la tête à une femme de Jubanges. Elle passa ensuite à saint Chely & saint Alban, gagna le Rouergue & l'Auvergne où elle dévora plusieurs personnes. Ses ravages se prolongent dans une grande étendue dont le Gévaudan est toujours le centre, & c'est là où elle commet le plus de dégats.

M. Duhamel, Officier dans les Volontaires de Clermont, eut ordre de partir avec cinquante Dragons, pour chasser cet Animal. Il fut en effet vigoureusement pourchassé : une fois sur tout deux Dragons le poursuivirent, le sabre à la main, & l'auroient massacré, s'il n'eût trouvé un mur très-élevé qu'il franchit d'un seul saut ; ce qui lui fit échapper la mort. Ce Monstre est d'une légéreté étonnante ; il fait dans une heure un chemin immense, franchit d'un seul saut les murs les plus élevés. Ses yeux sont éteincellants : il fait craquer ses dents les unes contre les autres. Il est moins redoutable par sa force que par son adresse ; il est cependant de la grandeur d'un veau d'un an, le poil rougeâtre, la tête grosse & plus brune que le reste du corps : la gueule toujours béante, les oreilles courtes & droites, une raie noire de la largeur de quatre doigts tout le long du dos, le poitrail blanc & fort large, la queue très-longue & fort grosse, rougeâtre, excepté le bout qui est blanc ; les pates de derriere fort grosse & fort longues, celles de devant plus courtes & couvertes d'un long poil. Il a six grife à chaque pate ; ce qu'on a reconnu par l'empreinte de ses traces sur la neige & sur la terre molle. On ne peut se figurer d'où est venu ce Monstre, car on n'a point entendu dire qu'il aye fait des ravages ailleurs, & on ne trouve dans ce Pays aucunes Bêtes féroces qui ayent pu l'engendrer. On augure seulement qu'ayant beaucoup de ressemblance avec le Loup & quelque peu avec l'Ours, il peut venir d'un Ours avec une Louve, qui s'étant rendu pleine dans les Montagnes des Alpes où on trouve des Ours, a pu se réfugier en cet état dans les forêts de ce Pays, & y mettre bas ce Monstre, qui ayant grandi & pris des forces, a exercé & ne cesse de laisser par tout où il passe des marques de sa cruauté.

Les Etats Généraux du Languedoc ont promis une somme de 2000 liv. à qui le tueroit. Les Diocèses de Mantes y ont ajouté 400 liv. Et SA MAJESTE', instruite & touchée des ravages que causoit cet Animal, a ordonné une gratification de 6000 liv. pour quiconque le détruiroit.

Dans la premiere Chasse générale, concertée par le sieur *Duhamel* & M. l'Intendant d'Auvergne, qui se fit le 7 Mars, cette Bête, après avoir échappé à toute poursuite, fut rencontrée par cinq habitans de Malzieu, à quelque distance de la Riviere de Truiere qu'elle avoit passée à la nage. L'un d'eux lui tira un coup de fusil à balle forcée ; elle tomba sur ses deux pattes de devant, en poussant un grand cri, se releva promptement, & prit la fuite. La nuit en empêcha la poursuite & favorisa son évasion. Les 10 & 11 du même mois on fit d'autres Chasses qui n'eurent pas un succès plus heureux.

On vient d'apprendre par une Lettre de Montpellier, qu'un Enfant de huit à neuf ans, nommé Barraudon, habitant de Bergougnoux, voyant sa Sœur saisie par la Bête féroce, se jetta dessus avec une valeur incroyable, lui arracha sa proie, & la mit en fuite.

Cette action, toute merveilleuse qu'elle est, l'est encore moins que celle dont voici le détail. Une Femme du Rouget, nommée *Jeanne Chastan*, âgée de vingt-sept à vingt-huit ans, d'une complexion foible, & même d'une mauvaise santé, étant un jour sur le bord de son jardin avec trois de ses Enfans, fut attaquée par la Bête féroce qui se jetta sur l'aîné âgé de dix ans ; il tenoit entre ses bras le plus jeune encore à la mamelle. La Mere épouvantée, vole à leur secours, les retire tour-à-tour de la gueule de ce cruel Animal. Ils en reçoivent plusieurs coups de tête ; leurs vêtemens sont mis en piéces. La Bête irritée de se voir enlever ces deux proies, se jette avec fureur sur le troisiéme d'environ six ans, & à qui elle n'avoit pas encore touché, lui engloutit la tête dans sa gueule. La Mere accourt ; & après de vains efforts pour arrêter l'Animal, elle monte à califourchon sur son dos où elle ne put tenir long-temps. Enfin, pour derniere ressource, elle saisit la Bête par l'endroit qu'elle jugea le plus sensible ; mais les forces lui manquant tout à coup, elle fut obligée de lâcher prise, & de laisser son Enfant à la merci du Monstre. Un Berger appercevant l'Animal avec l'Enfant dans sa gueule, le poursuit, armé seulement d'un Bâton ferré, & lui porte plusieurs coups inutiles. L'Animal saute par-dessus une haie & un tertre de dix pieds de haut, tenant toujours l'Enfant dans sa gueule. Le Berger avoit avec lui un Mâtin de la plus haute taille qui courut après la Bête, la joignit à trente pas de là, & donna dessus, ce qu'aucun chien n'avoit encore osé faire ; elle laissa alors tomber la proie, & se retournant vers le chien, elle l'enleva d'un coup de tête sans le mordre, & le fit tomber à vingt pas de là, après quoi elle prit la fuite. On trouva l'Enfant ayant la levre supérieure emportée, le cartilage du nez entiérement mangé, une joue déchirée, & toute la peau de la tête enlevée & tombant à droite & à gauche sur ses épaules. Qu'on se figure l'état de cette malheureuse Mere à cet horrible spectacle. Elle arrive accablée de lassitude, le visage baigné de larmes de tendresse & de douleur, & le cœur partagé entre la joie d'avoir sauvé ses deux Enfans, & le désespoir de voir le troisième si cruellement déchiré. Le ROI fut informé de la belle & courageuse action de cette triste Mere, & lui fit donner une récompense.

Voilà tout ce qui s'est passé depuis le commencement des ravages de cette Bête féroce. On espere que les soins que se donnent les Chefs de la Province joints aux récompenses promises par SA MAJESTE', & aux Chasses continuelles, ordonnées par Messieurs les Intendans, nous délivreront bientôt d'un si cruel fleau.

Lû & Approuvé ce 11 Avril 1765.

Vu l'Approbation, permis d'imprimer, ce 12 Avril 1765. DE SARTINE.

De l'Imprimerie de N. F. VALLEYRE le jeune, rue vieille Bouclerie,
à la Minerve.

Année Littéraire.

Lettre écrite de Marvéjols sur la Bête féroce du Gévaudan.

T.... de l'Année littéraire. p........

A Marvéjols le 26 Janvier 1765.

Tous les ravages qu'on a rapportés de la Bête du Gévaudan n'étoient que de legers préludes de ceux dont on entend parler depuis 15 jours. J'ai trouvé en arrivant ici la consternation redoublée, et les ordres donnés par un Mandement de nôtre Evêque de faire les prières des 40 heures côd dans les plus grandes calamités. Pour eclaircir la plupart des histoires qu'on m'a faites, je me suis transporté dans tous les lieux où cet animal a exercé sa voracité. Rien de plus singulier que ce qu'en débitent les Paisans; mais à travers tous leurs contes j'ai su percer la verité quant au fonds des évènemens. En confrontant leurs dates avec beaucoup de scrupule je me suis assuré que pendant qu'on chassoit cette Bête à S. Cosme frontière du Roüergue où elle avoit dévoré une femme, elle mangeoit un enfant à 5 lieües delà. On m'a convaincu que sur 7 ou 8 enfans qui se trouvoient ensemble, elle avoit enlevé au milieu d'eux la seule fille qu'il y eût. J'ai vu des gens qui au milieu d'un village avoient eu le courage de sauver une femme, et en même temps après si peu gout ne pas attaquer l'animal qui ne fuioit pas. J'ai parlé à un Abbé grand chasseur qui a eu tout le temps de l'éxaminer. cet hom̃ très résolu de gagner les *2000″ promises par les Provinces trouve la Bête derrière un buisson à 10 pas de lui, la tient couché en joüe pendant plusieurs minutes sans oser tirer, et sur un simple mouvement d'une des deux pattes du devant, jette son arme, crie au Secours, et s'enfuit sans être poursuivi. Trois ou quatre aventures à peu près semblables, n'ont pas peu contribué à affermir les paisans dans la croiance où ils sont que c'est un sorcier qui chasse les hom̃es et lonfeu. Ils sont d'autant mieux affermis dans cette idée qu'ils citent pour garant un de leurs camarades à qui la Bête a dit

Marginalia (droite): Mandement / L'Evêque de / de pour ordonner / les Prières de 40 / en côd dans les / plus grandes / -la mités

Note (*): Les Etats de Languedoc par une délibération particuliere ont accordé 2000″ à celui qui tuera la Bête, les Diocèses de Mende et de St flour chacun 300″. le Roi a depuis promis une ré- compense de bonne.

brère distinctement : Avouez mon ami, que pour un vieillard de 80 ans, ce n'est pas mal sauter. Ils lui attribuent en conséquence tous les ravages que les Loups-cerviers ont fait dans différentes Provinces du Royaume en différens temps depuis 60 ans. Son agilité surprenante leur paroit hors des règles de la nature, elle est telle que j'ai mesuré des espaces de 10 ou 12 pieds entre les traces. Ces bonnes gens pensent qu'il est inutile de chasser cet animal et impossible de le tuer. Ils ont absolument renoncé aux armes à feu et leur seule défense consiste en des bâtons ferrés ou des instrumens appellés Paradou, qu'on emploie à faire des Sabots. Ce pré-jugé vient, dit-on, de coûter la vie à un jeune homme de 25 ans, dont il ne m'a pas été possible de vérifier l'histoire, il n'y a pas plus de quatre ou cinq jours; j'en étois d'autant plus curieux que ce seroit le 1er homme que la Bête eût dévoré.

La hardiesse et la timidité de cet animal, son inclination pour les femmes et les filles, le génie qu'elle fait paroitre dans sa façon de chasser, son espèce et son apparition dans le Gévaudan pourroient donner lieu à un long mémoire. Je me contenterai de hasarder quelques conjectures, qui pourront au défaut des preuves servir à former sur cet animal un Sistème assez raisonnable.

La terreur du Comte de xxx qui se vit attaqué après avoir tiré 3 coups de fusil, celle d'un homme qui est mort en frénésie; l'aventure du Païsan qui faillit d'être dévoré au milieu de cinq de ses camarades; cette fille du Gévaudan qui eut le courage de porter sur la Bête trois coups de hache; ce sont là des preuves incontestables que cet animal a des momens d'intrépidité : d'un autre côté ses fuites fréquentes occasionnées par les menaces d'enfans armés de simples baguettes, l'histoire de cette Servante qui avec un petit bâton se défendit un quart d'heure, et ne fut pas approché; les secours fréquens que les Boeufs ont porté à ceux qui les gardent; l'effet des cris que presque toujours ont suffi pour lui faire lâcher sa proye; tout cela ne démontre-t-il pas une grande timidité; seroit-ce la faim plus ou moins forte qui doit fixer nôtre façon de penser à cet égard?

Quant à sa prédilection pour le sexe féminin, il est certain qu'il y a des animaux qui par un sentiment qui leur est propre, distinguent les femmes

— der

des hommes; mais ce sentiment ne tend pas à leur destruction; les voia-
geurs et les naturalistes ne disent pas que les femmes soient choisies de préférence
par les bêtes féroces d'Afrique et d'Asie. On nous représente ces animaux dé-
-vorant indistinctement tout ce qui se présente quand ils chassent. L'Hiene du
Gévaudan, (car tout me porte à croire que c'en est une) auroit elle un sen-
-timent plus particulier? seroit ce dans le goût qu'il faudroit les chercher?
=Trouveroit elle la chair des femmes plus délicate que celle des hommes? Mais

Les tétons sont les parties du corps qu'elle se plaît le plus à dévorer, après
=quelles a entièrement sucé tout le sang; la dernière femme qui a été sa vic-
-time a été trouvée sans gorge et sans foye. on jugeoit facilement à l'inspec-
-tion du cadavre que le sang avoit été sucé jusqu'à la dernière goutte. cet attrait
=pour le sang est si fort qu'en revenant sur le cadavre l'animal lèche la terre
=imprégnée de sang. Pourroit-on dire qu'il a reçu de la nature assez de sa-
=gacité pour distinguer qu'en attaquant les femmes il attaque le sexe
=le plus foible? Je veux présenter ces deux opinions c'est très probable
=l'une et l'autre, la dernière surtout sembleroit naître de sa façon de
=chasser.
=Les bois ne servent d'azile à cette bête que lorsqu'elle est poursuivie; elle
=se tient ordinairement sur les hauteurs d'ou avec des yeux que la
-juge bien perçans elle parcourt l'horizon pour découvrir sa proie. cette ma-
-nière est certaine. ce n'est point jamais les bergers qu'elle guette, ce sont tou-
-jours les filles ou les femmes qui gardent le gros bétail. Dès qu'elles ont
=été apperçues ses premiers mouvemens sont très rapides: elle s'arrête à
quelque distance, se couche sur le ventre et rampe en se couvrant de tout ce
qui peut l'empêcher d'être vüe. dans cet état on ne la pas jugée plus
grosse qu'un gros renard: à une ou deux toises, elle s'élance sur le cou
ou sur les reins. dans le 1er cas la tête est séparée du corps en un clin-
d'œil; dans le second l'embarras des habits et les efforts naturels qu'on fait
pour se défendre ont quelquefois donné lieu au secours. c'est ainsi que viennent d'être sauvés deux enfans, leur père qui coupait des genêts à peu de
distance accouru aux premiers cris, et la hache à la main fondit sur la

bête qui lâcha prise. ces enfans accrochés aux jambes de leur pere qu'ils
serroient de toutes leurs forces, en jettant des cris affreux causoient son plus
grand embarras. cet homme la hache levée suivoit de près l'animal qui
rugissoit en bondissant; ses bœufs accoururent au rugissement, et le mirent
en fuite. Une petite fille fut moins heureuse, (cet événement est plus récent,
et bien sûr: elle ramassoit des herbes dans un petit jardin enclos de murs
à une toise de la maison paternelle avec sa Sœur et un petit frère. Elle
fut assaillie subitement; un coup de griffe lui enleva la joüe droite, et le coü
fut très endommagé: cet enfant Saisit un pieu qu'elle tint fortement embrassé;
cet obstacle l'empêcha par qu'elle ne fut enlevée et portée au pied de la mu-
-raille par dessus laquelle la Bête ne put sauter avec son fardeau; Sans
doute que les cris des autres enfans occasionnèrent sa fuite; elle fut si ra-
pide qu'on ne l'apperçut plus, quand on fut entré dans le jardin.

Cri singulier
de la Bête
tout à fait
différent du
hurlement du
Loup.

Les rugissemens de l'animal que les paisans comparent au bruit de l'âne
quand il commence à braire, et une odeur bien infecte dont quelques uns soutiennent avoir été affectés pourroient donner des Lumières Sur son espèce.
Quelques personnes le croient du genre des Loups. cette opinion peut avoir ses
partisans dans tout autre païs que le Gévaudan où ils sont trop communs
pour qu'on puisse s'y méprendre; d'ailleurs la description qu'on en a faite
dans quelques Gazettes, et sur lesquelles les sentimens ne sont point parta-
gés pourroit-elle lui convenir Si c'étoit une espèce de Loups! le poitrail très

Description
de la Bête

large, la queüe longue et fort touffüe, des griffes terribles, la couleur du poil
brun fauve avec une raye noire Sur le dos, tout cela ne forme t-il pas une diffé-
-rence sensible? D'un autre côté la figure du Loup-cervier dont les oreilles
Sont houpées à leur extrémité Sa coupe de visage, et Son intrépidité peu-
vent-elles avoir quelque rapport avec des oreilles dégarnies de poil, une tête
large et fort allongée, et une timidité dont on a vu des exemples Singuliers? Il
n'est plus certain qu'elle ait les jambes aussi courtes qu'on l'avoit dit d'abord:
des païsans et d'autres personnes qui l'ont bien vüe assurent que c'est une
erreur. mais il reste à Sçavoir si cette Bête a quatre doigts aux pattes de der-
— comme

on est assuré qu'elle n'en a que ce nombre à celles de derriere avec un talon
armé qui forme le 5.e Dans ce cas il paroîtroit hors de doute qu'on auroit à
combattre une véritable Hiène.

Son apparition dans le Gévaudan forme le problême le plus difficile à resoudre;
C'est au mois de Juillet de l'année derniere qu'elle s'annonça pour la premi-
-ere fois dans la Forêt de Mercoire par le meurtre de quelques enfans; avant
cette époque ou n'entend parler d'aucun ravage fait dans le reste de l'Europe.
On croit qu'elle s'est sauvée de la Ménagerie du Roi de Sardaigne, ou qu'elle
a échappé à un conducteur qui la menoit à la Foire de Beaucaire; mais
l'une et l'autre conjecture se trouvent détruites par les informations les plus
éxactes. On est assuré qu'il n'y a point de Ménagerie à Turin; et il n'est
guere possible qu'on n'eût parfait voir cet animal dans quelques villes avant
de le conduire en Languedoc. Le mistère d'un tel voyage s'accorderoit mal avec
l'intérêt qui en est toujours le seul motif. D'un autre côté quel immense païs
à parcourir depuis l'Asie jusques dans le Gévaudan! Quelques enfans
dévorés en Moscovie, en Pologne, ou en Allemagne n'auroient-ils pas an-
-noncé les caracteres de cette Bête féroce! at-elle vécu de gibier jus qu'au mois
de Juillet, et n'est-ce qu'en Languedoc qu'elle a trouvé la chair humaine de
son goût?

Quoiqu'il en soit, il me paroit difficile que le païs soit bientôt délivré de
cet animal furieux. Que peut-on attendre des Païsans qui pensent que c'est
un Sorcier que les balles ne peuvent blesser! qui n'ont eux mêmes aucune es-
-pèces de courage, et qui par la crainte de voir fouler leurs bleds refusent d'aver-
-tir les chasseurs? Ceux ci vont à l'aventure, et se dégoûteront bientôt de
l'éxercice pénible qu'ils sont obligés de faire. On a commandé 50 dragons
pour donner la chasse à cette Bête; mais ce nombre peut-il suffire pour occuper tous les villages, et pour former une chasse générale?

J'ai l'honneur d'être &c.

_ Lettre.

Lettre de M. l'Abbé de
Vienne. Cons.er honoraire de Grand'
Chambre, Comte de Brioude à M. Fréron.
T. II. p. 103.
A Clermont en Auvergne le 1 Mars 1765.

Le Roi accorde Le 7 une récompense de 6000# à quiconque tuera la Bête féroce.

Le 7 du mois dernier après la publication faite de la récompense de 6000#
promise par la Cour à quiconque tuerait le monstre qui désole nos cantons.
Vingt cinq Psses de cette Province d'Auvergne devaient marcher par ordre de
l'Intend.t pour le combattre; pareil nombre ou environ étaient commandées
pour le même jour par l'Intendant de Languedoc; le projet était de savoir
à nous du Gévaudan, et des lieux circonvoisins pour enfermer l'animal de
proche en proche dans cette vaste enceinte. les mesures étaient très bien prises,
mais elles ont manqué de Succès par la surabondance des neiges, et peut-
être aussi par la mésintelligence des Chefs que l'appas des 6000# rendait

Chasse gé-nérale du 7 Février.

peut-être plus Sensibles à leur intérêt qu'au bien public.

Arrivée de M. d'Enneval en Gévaudan.

La Cour instruite de ces détails nous envoie il y a 15 jours un Gentilh[omm]e
de Normandie nommé M. d'Enneval grand chasseur de Loups qui a eu il
y a quelques années la gloire de la destruction d'une espèce de Loups-cerviers
qui faisait d'horribles ravages dans le Soissonnais. Ce Gentilh[omm]e qui m'a
paru âgé de 60 ans ou environ a son fils avec lui et deux domestiques,
qu'il appelle ses Braques et qui sont armés de toutes pièces. cette petite troupe
est depuis le commencement de la semaine dernière à S. Flour, elle y ob-
serve la marche de l'ennemi, rassemble des paisans aguerris et des chasseurs, et n'attend que l'arrivée de ses limiers qui doivent être coffés ici
pour entamer son opération qui fixe l'attention de tout le pais, surtout des
marchands forains dont le commerce est presqu'interrompu, et les gens de la
campagne qui n'osant plus faire sortir leurs troupeaux sont obligés de
consommer le foin pour les nourrir dans les étables. aussitôt que nous
saurons l'événement de ce grand appareil, vous pouvez compter, M[onsieu]r que
vous en serez instruit. au surplus voici les faits les plus récens et les

plan autentiquent de ceux qui ont été publiés sur cet animal. Un homme sage et connu pour tel méritroit toujours passé de S. Flour qu'on venoit de conduire à l'Hôpital de cette ville une fille de 19 à 20 ans, qu'un paisan avoit secouru assez heureusement pour lui sauver la vie. cette malheureuse étoit seule dans un champ occupée à écarter ou à épandre du fumier, elle fut surprise par l'Etienne si cà en est une; cette Bête s'élançant par derrière lui porta les griffes sur la tête, et lui pressa si violemment le visage contre terre qu'elle perdit la respiration, et presqu'au même moment la con-noissance. En deux minutes au plus elle eut toute la peau de l'occiput arrachée, les deux oreilles mangées jusqu'au timpan, et le coù jusqu'au bas des vertèbres qui sont entièrement décharnées. Un paisan accourut d'un champ voisin, et quoique sans armes il fit aussitôt quitter prise à la Bête par des clameurs auxquelles il mêla une espèce d'exorcisme, lui faisant défense au nom de Dieu vivant de dévorer cette fille, et cela d'après le préjugé que cet animal est un Sorcier déguisé, préjugé qui, coè vous le sentez, M. ne laissera pas de s'accroître d'après cet événement.

Dans le même temps ce Monstre déchira à Forcières petit village proche de S. Flour, une femme qu'il tenapa par derrière avec une de ses pattes, lui tenant le sein avec une autre. Quelques jours auparavant, il avoit dévoré une femme au même lieu dans un coin de son jardin, et quoiqu'on lui eût tiré deux coups de pistolet lorsqu'il sortit, il revint le soir, et on le manqua pour la seconde fois. le même jour il mangea dans un village voisin les seins et les oreilles de deux jeunes filles dont l'une passoit pour la beauté du canton.

Quant à sa figure les gens d'un état supérieur à celui des Simples Pâtres ou laboureurs, qui l'ont vu d'assez près s'accordent tous à en faire la des-cription suivante. il ressemble assez pour la conformation à un petit veau ou à un loup de la grande espèce. ses jambes sont courtes ou du moins le paroissent. l'extrémité de ses pates ou griffes est d'une grosseur énorme; sa gueule effroyablement grande, et son poitrail fort large; son poil noir

sur le dos, est partout fort long, et excessivement fourni; il soutient, dit-on, une espèce de cuirasse qui l'a sauvé jusqu'ici des coups de feu qu'il a essuyés 5 ou
6 fois dont deux ou trois à bout portant; peut-être aussi a-t-il eu affaire à
des gens intimidés ou mal-adroits. Quoiqu'il en soit, il doit toutes ses
proyes beaucoup plus à ses ruses qu'à ses forces. quelques redoutables
qu'elles soient, il n'est point d'animal plus facile à effrayer: la moindre résistance les met en fuite. Les femmes et les enfants s'en sont ga-
rantis plus d'une fois par certains cris aigus, ou par le mouvement
de coëffes et de banderoles agitées par le vent; il est même arrivé que
le plus petit bâton que le hazard avoit dirigé au milieu de son front entre
les deux yeux, l'a fait reculer de plusieurs pas, bondir, et s'éloigner: il
y a peu d'exemples que cette Bête ait attaqué des hôtes faits, même désar-
més. elle est fort avide de Sang; souvent elle ne fait que séparer les têtes
des corps pour s'en rassasier, en s'abreuvant de celui qui s'échappe par
la veine jugulaire. elle reste peu de temps dans le même canton, sans
être cependant aussi agile qu'on l'a publié; ce n'est pas qu'elle ne franchisse
avec assez de rapidité des intervalles immenses; mais c'est moins par
la vivacité de sa marche et de sa course que par des bonds et des élan-
cements. elle se cache pour l'ordinaire derrière un buisson, ou dans des
espèces de petits fossés qu'on nomme razes dans ce païs cy, et ne se
retire guères dans les Bois, que lorsqu'elle a été longtemps chassée.

Presque tous les cantons qu'elle a parcourus sont dégarnis de menu
gibier, elle s'en nourrit lorsque la chair humaine lui manque.

Les Intendans de Languedoc et d'Auvergne doivent l'envoier à Versailles
par un courrier exprès, au moment même de sa défaite; ils ont donné leurs
ordres pour que la Bête ne fût point endommagée par aucune
mutilation

     J'ai l'honneur d'être &c.

Seconde Lettre de M. L'Abbé de Vienne à M. Freron. T. II. p. 113.

A Clermont en Auvergne le 16 Mars 1765.

Vous jugés bien, Monsieur, qu'il ne s'est rien passé d'intéressant au sujet de nôtre Bête Anthropophage depuis ma Lettre du 1er de ce mois puisque vous n'avez point reçu de mes nouvelles. Je joins ici L'Extrait d'une Lettre que vient de recevoir nôtre Intendant de M. d'Enneval ce grand Chasseur que la Cour nous a envoié pour purger la Province de ce monstre qui continüe d'y faire des dégats horribles, et d'interrompre une partie considérable du commerce. Ce Gentilhom avoit porté ses plaintes à la Cour, sur quelques courses particulieres bruiantes et mal concertées qui avoient rompü les mesures qu'il avoit prises pour une chasse générale, et totalement dépisté L'animal. Sur ses représentations il est venu des défenses expresses de la part du Roy à tous Seigrs de Paroisses, Gentilshom, Chasseurs &c de poursuivre la Bête sans un ordre précis de M. d'Enneval; on espère beaucoup de cette nouvelle police, et vous en aurez surement, Monsieur, les premiers avis de ceque'elle aura produit.

Extrait d'une Lettre de M. d'Enneval à M. de Balainvilliers Intend. d'Auvergne du 9 Mars 1765.

»........ La Bête fait toujours parler d'elle : encore hier elle a
» coupé la tête à une fille dont elle a mangé le sein, une épaule, et
» un bras. On la poursuivit ; mais elle étoit trop près des grands Bois où
» elle se retira ; cela s'est passé du côté d'Albaret. Vous scavez sans doute
» Monsieur, que depuis les premiers jours du mois, elle n'a pas cessé d'at-
» -taquer plusieurs femmes, filles, et enfans, entr'autres une femme à qui
» elle a enfoncé ses griffes dans la gorge, et un petit garçon qu'elle a dévoré
» du côté d'Aisa. Je ne connois pas les Lieux, et c'est d'après Ouhacnel qu'on
» a fait ces rapports. Nous avons pris des cantons, à la Garde, à Fournal,

» et à S. Just. il nous est venu bien des tireurs du Gévaudan et du Langue-
» doc ; ils battent les bois tous les jours ; les Dragons font des courses
» de leur côté ; Tout cela ne donnera plus de peine n'ayant aucun commandant
» sur eux. je ferai tout ce que je pourrai. M. de Lauriac nous a envoié 3...
» Gentils hommes bons tireurs qui se nomment Mess. de la Fayette.

J'ai l'honneur d'être. &c.

Troisieme Lettre à M. Fréron.
Sur la Bête féroce du Gévaudan.

A Clermont ce 26
Mars 1765.

T. 11. p. 286.

Rien de nouveau, Monsieur, sur notre Hiene prétendüe ; car il y a
tout à parier que ce n'est pas une. Quoiqu'il en soit M. d'Enneval a
pris ses quartiers dans le Rouergue ; partie de ses gens sont à la Garde,
partie à S. Just &c. M. Duhamel qui est aujourd'hui sous ses ordres
continue d'occuper S. Chely sur la route de Mende. la chasse générale
n'est pas encore arrêtée, ce sera pour la fin de la Semaine prochaine.
Son projet est de tenir ses limiers en lesse, ainsi que les bassets, et de ne
les laisser courir que sur la longueur de 90 ou 100 pieds, pour que la
Bête lancée et vivement poursuivie n'ait pas le temps de se jetter dans
les Bois trop fourrés ou trop éloignés. On doit joindre la ruse à la force ;
on se propose d'attacher entre deux pieux fort courts de gros moutons coiffé
en femmes. Assis sur leurs pattes de derrière, ils auront celles de devant
entièrement libres, et seront par conséquent en état de représenter à la Bête
féroce des personnes vivantes, et lorsque cet animal sera au moment de
s'élancer sur sa proye ; un de nos meilleurs Chasseurs qui sera caché
derrière chaque mouton tirera à bout portant. D'autre part pour que l'on
sçache précisément le lieu et le moment de faire feu, s'il en est besoin, il y
aura sur divers monticules de proche en proche dans l'espace de 5 ou 6...
lieües d'enceinte, de petits bûchers prêts à recevoir le feu, et ces différens
feux seront les signaux ou de la présence ou de l'approximation de la
Bête. qui ne peut être regardée par la postérité que comme un animal fabuleux

ou du moins sa longue existence aux yeux des paradoxes. &c

J'ai l'honneur d'être. &c.

Lettre à M. Fréron sur la Bête féroce du Gévaudan. T. III. p. 24.

A Marvéjols en Gévaudan Le 1 Avril 1765.

J'ai sous les yeux, Monsieur, une espèce de Dissertation manuscrite extraite de votre Année Littéraire. L'auteur en rappellant beaucoup d'é-vénemens la pluspart tronqués ou sujets à discussion S'est cru permis de se rendre propres plusieurs réflexions que j'ai communiquées à des personnes très respectables. L'application en a été mal faite, et le public induit en erreur. La part que L'on soupçonne que j'ai eue à cet ouvrage flatte trop peu mon amour propre pour ne pas me hâter de vous faire part de ma façon de penser sur la Bête qui nous désole depuis si long-temps.

C'est sans doute La multiplicité des ravages de la Bête du Gévaudan qui a fait dire à un hôte de beaucoup d'esprit qu'on attribue à cet animal tout ce qu'ont jamais fait les Bêtes carnacières de L'Europe, de même c'est des larmes, qu'on attribue à Hercule le Thébain les exploits de tous les Hercules de La fable. Avec une espèce d'une incrédulité assez considérable je suis forcé de convenir que la plupart des premiers évènemens et plu-sieurs attaques qui ont simplement fini par Le secours qu'on a porté ont été ignorés hors du Gévaudan; on n'y fait presque attention qu'en accidens un peu extraordinaires, et nous ressemblons assez aux habitans d'une ville assiégée, qui après 8 jours de tranchée ouverte négligent de tenir compte des bombes qui écrasent leurs Maisons.

Il y a 9 mois, Monsieur, que le Gévaudan est désolé, et il y a longtemps que toute L'Europe est étonnée que l'animal qui vous rend si célèbre ait pu vivre 24 heures. J'ai vu à Montpellier des Anglois, des Polonois et des Allemands assurer que dans leurs pays un pareil monstre auroit été détruit en deux jours. mais j'ai entendu avec peine plusieurs habi-

habitans de cette Province se vantent qu'ils n'auroient besoin en pareil
cas d'aucun secours étranger. Je pourrois aujourd'hui leur répondre
qu'avec 50 Dragons commandés par un Officier de la meilleure vo-
-lonté qui fait la guerre avec sa gloire, et souvent à ses dépens, avec
le secours des meilleurs chasseurs du Gevaudan, et de plusieurs per-
-sonnes d'auvergne et du languedoc, avec le zèle vraiment louable de
quelques citoiens estimables qui ont pris des gens à leur solde, enfin
avec l'expérience de Mr d'Enneval qui d'abord de la Normandie ont
conduit des chiens admirables, il y a tout à parier que dans l'espace
de 16 lieües quarrées, cette Bête ne pourra être tuée que par hazard:
l'espoir des récompenses, ou l'amour du bien public, les soins et l'activi-
-té du Syndic du Dioceze; le zèle même vraiment patriotique de Mr
le Comte de Morangiés, peuvent ils remédier à la nature du terrain
parsemé de petits bosquets, plein de hauteurs, et de fonds marécageux,
dans lesquels elle ne peut être entourée, à moins que la chasse ne fut
plus que générale?

Le succès de celles du 9 et du 11 Février fut tel qu'on l'avoit prévu; les
paisans de 40 villages secondés des gens d'auvergne aiant les uns et les
autres à leur tête, Mrs d'Enneval Père, et Duhamel après avoir battu le
terrain qui leur avoit été indiqué ne réüssirent qu'à mettre la Bête debout.
Ce furieux animal essuia, dit-on, le Jeudi un coup de fusil, et le Vendredi
alla enlever à Prantal frontiere d'auvergne, un enfant devant la porte de
sa maison. Le pere accourut aux cris une hache à la main, fit lâcher
prise et poursuivit la Bête avec beaucoup de paisans; elle se jetta dans
le Bez rivière assez considérable qu'elle passa sur les pieds de derriere
sans doute parceque le volume d'eau étoit trop petit pour nager, et trop
grand pour pouvoir marcher à l'ordinaire; cet évènement regardé côté
quelque chose d'assez extraordinaire fit presqu'oublier que fort près
de cet endroit un enfant fut dévoré. Le Samedi elle causa des regrets
bien plus vifs au sujet d'une jeune et jolie fille âgée de 14 à 15 ans
dont on trouva la tête entièrement séparée du corps dans un
                                                            — petit

petit bois auprès de Malzieu. on doit se rappeller avec plaisir les paroles
de M. le Comte de Morangiès adressées à la foule des personnes accourües
autour de lui. Mes enfans, vous êtes aujourdhui spectateurs, peut-
être une autre fois serviez-vous de spectacle; je vous donne
rendez-vous demain pour tâcher de prévenir ce malheur. L'éloge
seroit plus foible que la simple expression de ce trait d'humanité.

Je suppose, Monsieur, que le public est instruit des détails des ravages arrivés depuis l'époque des deux chasses générales. L'objet de cette lettre
est moins de les rappeller que de hazarder des conjectures raisonnables
sur un animal qu'on ne connoîtra peutêtre jamais. Son génie, sa finesse,
son agilité, et sa force ont étonné tout le monde; son apparition dans la
forêt de Mercoire est un de ces problèmes qu'il sera toujours très difficile
de résoudre.

Il est bien certain qu'aucun hõe jusqu'ici n'a été attaqué dans la rigueur
du terme. L'histoire des trois paisans dont les nouvelles publiques ont
parlé prouve seulement que l'auteur de ce conte si quelquefois apposté à une
sale d'armes. celle du faisan à qui elle arracha le manteau, celle du voi-
turier de Chanac, et quantité d'autres qu'il est inutile de rapporter, inven-
tées par une espèce de vanité, ou grossies par la peur doivent être reléguées
au païs des fables.

Mais l'inclination de cette Bête à dévorer les filles et les femmes même
de préférence aux petits garçons est une chose sur laquelle il n'est pas possible de douter. La petite fille d'un village auprès de la Garde qui cüeilloit des
herbes dans son jardin, avec un frère et une sœur plus jeunes qu'elle, plusieurs femmes dévorées; la servante de l'Estival qui se défendit long temps
avec un bâton; les Bergers qui ne put la mettre en fuite qu'au 3.e coup de
hache porté sur le museau, et quantité d'autres que je passe sous silence
forment à cet égard une espèce de démonstration. J'y ajoûte deux preuves
assés récentes dont je crois que les papiers publics n'ont pas fait mention.
Une fille âgée de 20 ans allant entendre la Messe le 24 février apperçut
d'elle, un loup qui venoit à sa rencontre; et lui jetta les crérousilet pour faire
fuir ces sortes d'animaux; mais celui-ci la joignit dans un instant, et d'autres

sur sa tête. Son père et plusieurs personnes qui l'avoient devancée étoient heu-
-reusement assés près pour entendre crier au secours. On y vola, et la Bête s'en-
-fuit après avoir fait quelques blessures peu dangereuses. Le même jour elle
attaqua à deux grandes lieües de distance au Croizet près d'Aumont, une
femme occupée à la porte de sa maison; dans le mouvement qu'elle fit
pour voir ce qui pouvoit occasionner un bruit assés considérable sur la glace,
la Bête s'élança sur sa tête, jetta sa coëffure à terre, et ayant quitté sa [proie]
[?] eut le temps d'atteindre l'épaule gauche, et d'emporter une piece de la
robe; les cris ou les chiens la mirent en fuite.

Cette préférence est d'autant plus remarquable que le sentiment des
animaux qui distinguent les femmes des hommes, ne peut être attribué à ceux
qu'on nous dépeint comme les plus terribles. ils dévorent indistinctement
tout ce qui se présente quand ils chassent; mais il semble que ce sentiment
soit principalement affecté à ceux qu'on ne redoute pas; le Singe, l'ours,
l'âne, le mulet, et le chien en donnent des marques peu equivoques et
quelquefois scandaleuses. Selon quelques auteurs le loup a l'odorat encore
plus fin. Seroit-ce dans le goût qu'il faudroit chercher celui qui distingua
à cet égard la Bête du Gévaudan, et la chair des femmes auroit-elle plus
d'attraits pour elle? cette préférence viendroit-elle encore du génie de cet animal
qui le porte à attaquer l'ennemi le plus foible? cette opinion s'accorde assez
avec les précautions qu'il prend de courir sur les hauteurs pour découvrir sa
proye de plus loin, et le soin qu'il paroît avoir d'éviter les hommes nécessai-
-rement répandus dans la campagne en très grand nombre.

Le terrein considérable que cette Bête parcourt est-il une preuve de cette
grande légéreté qu'on lui attribue? ne doit-on pas la rapporter uniquement à
sa fuite depuis qu'on est sûr qu'elle a été poursuivie et atteinte en peu de
temps par des chiens de Paris? Il n'est pas bien étonnant que ne se reposant
presque jamais elle ait été trouvée dans la même journée à plusieurs li-
-eües de distance. D'ailleurs personne ne l'a vu franchir des murailles et
sauter des fossés. L'histoire de celle d'une cour élevée d'une toise qu'elle
sauta pour s'échapper est une fable aussi bien prouvée que celle de Javols
—au

sujet du fils de mon fermier qu'elle avoit dissoûteu, enlevé malgré l'obstacle de deux murs de 3 pieds de hauteur. cet événement quoique moins frap- pant que beaucoup d'autres, mais plus de détails, d'autant qu'aïant été bien approfondi, il fait évanoüir beaucoup de miracles, et fournit des preuves dont on ne se doutoit pas.

Cet enfant jouoit à la boule devant la porte de sa maison avec deux autres moins âgés que lui; La Bête qui avoit pu découvrir de bien loin cette petite troupe, longea la rivière, fondit sur le plus grand qu'elle terrassa d'un coup de patte, et après l'avoir secoüé pour le retourner le prit par le col, et l'entraîna du même côté par ou elle étoit venüe; Un païsan qui se trouvoit à l'autre bord de l'eau auroit pu prévenir cet accident, s'il n'avoit pris la Bête pour un matin du village; il vit saisir l'enfant à 20 pas de lui, et n'hésita pas à se jetter dans la rivière. Pend.t qu'il la traversoit pour couper au plus court des gens étoient accourus aux cris des enfans. Le Berger mit son chien sur la piste de la Bête dont la course avoit été retardée par le poids. ce fut à 200 pas de la maison qu'elle fut contrainte d'abandonner sa proye par le matin qui se contenta d'aboïer sans l'attaquer.

Le Païsan arriva le premier et trouva l'enfant couché sur le ventre, avec deux blessures sur le col dont l'une lui faisoit perdre beaucoup de sang: celle cy beau- coup plus considérable que la seconde, étoit au dessus de la clavicule, sa pro- fondeur d'un pouce et sa longueur dirigée du côté de l'oesophage, les bords faits à la chemise d'une toile neuve étoit rond, et à peine perceptible. l'enfant 8 d. jours après fut en état de marcher.

Voila, Monsieur, un détail bien exact, qui prouve en premier lieu que cette Bête n'a pas assez de force pour enlever sa proye, et la porter, comme on l'avoit cru jusqu'alors; qu'elle ne coupe pas la tête en un clin d'oeil, et que sa manoeu- vre est exactement celle du loup; en second lieu qu'elle n'a point de griffes; et qu'enfin elle est armée de dents beaucoup plus longues que les autres, formant deux espèces de défenses pointües et fort menües.

La timidité de cet animal que les cris et les menaces d'un bâton ont souvent effraïé au point de lui faire abandonner sa proie, est assez difficile à concilier avec l'hardiesse du païsan qui eut assez de peine à défendre deux de ses enfans

quoiqu'armé d'une hache, et avec les aventures de Portefaix, des enfans
du Montel, et de cette mère courageuse qui fit des efforts inexorables pour ga-
-rantir 3 de ses enfans, à moins qu'on ne suppose à l'animal un génie bien Sin-
-gulier, et une très grande connaissance du danger. On avoit cru jusqu'ici
que Se le plus ou moins de hardiesse venoit de ce plus ou moins d'appétit;
mais outre qu'on est persuadé qu'il Se nourrit de la pointe des bleds, et de
gibier, il est très décidé qu'il mange le menu bétail, et qu'il laisse les cadavres
presqu'entiers après en avoir Sucé le Sang et dévoré les tetons, avec certaines
parties de la tête, chose qui ne Suppose pas un appétit bien vorace.

On a été étonné à Paris, et on a même douté de l'aventure du petit Portefaix
ou du moins des principales circonstances qui lui donnent un air de Roman:
peutêtre les nouvelles publiques que j'ai par Lion ont-elles affoibli l'idée
que Lion doit avoir de la bravoure, de la présence d'esprit, et du jugement de cet
enfant. Rassemblé dans un Pacage avec 6 camarades, il voit venir la Bête
fondre Sur Sa troupe et blesser Lion d'eux; il arrête les autres qui vouloient fuir,
et loin de concert l'attaquent avec des bâtons armés de lames de couteaux. La
Bête Sans Sépouvanter en Saisit un Second et l'entraîne, Portefaix partage alors
Sa troupe pour empêcher l'animal de traverser un bourbier, et ordonne de diriger
les coups aux yeux et à la tête; la Bête embarassée du poids, et de cette at-
-taque vise lâche Sa proye, et est mise enfuite. C'est en conséquence des plus
exactes informations, que M. l'Intendant ce par ordre du Roy fait distribuer
au Chef, et à Sa Troupe une gratification, qui fait présumer qu'elle Sera La
Source de plusieurs autres pareilles.

Je ne rappellerai point L'histoire du Montel; les Gazettes en ont fait mention;
elles s'enorgueilleroit que la Bête du Gévaudan est véritablement un loup carnacier,
s'il étoit possible de le prouver par le témoignage des enfans, de ceux qui ac-
-coururent à leur Secours, et de la hardiesse du chien qui L'attaqua, et la terrassa
à plusieurs reprises; mais celle de la Besseire, la plus étonnante peutêtre
de toutes celles qui sont arrivées jusqu'ici, caractérise L'acharnement de cet animal
et fournit les particularités les plus intéressantes. Représentez-vous une
mère chargée d'un enfant de quelques mois, en aiant après d'elle deux
autres plus âgés. la Bête fond Sur L'ainé côô un éclair: La mère accourt

après avoir posé le plus jeune à terre, et vient à bout de le dégager. L'animal furieux ne se rebute pas, le reprend, le traîne malgré les efforts de la mère jusqu'à la muraille du jardin ou terrasse sur le chemin, et d'un coup de museau le précipite. Cette femme saisit alors une cuisse de la Bête qui se retourne, lui mord le bras, lui fait quitter prise, saute sur l'enfant, et dans l'instant le blesse assez considérablement pour qu'on n'ait pu le sauver.

S'il est difficile de concilier l'acharnement de cet animal avec la timidité qu'il a souvent fait paroître, que peut-on assurer sur son espèce? faut-il le ranger dans la classe des Monstres? ou dans celle des Loups, des Hyènes, des Loups cerviers? Le plus ou le moins de partisans que chaque opinion peut avoir, n'est pas ce qui doit déclarer quelqu'un qui cherche la vérité. L'impression qu'il a faite sur la plupart de ceux qui l'ont vu, la trop grande distance où étoient les autres, leurs marques équivoques et toujours contradictoires des différentes pistes qu'on a trouvées, tout cela ne sert qu'à répandre plus d'obscurité. Vous savez mieux que moi, Monsieur, que pour bien voir, il faut du sang froid, une grande attention, et une distance proportionnée à la portée de la vue; j'ose assurer que ces trois conditions ne se sont jamais rencontrées à la fois.

Depuis la description insérée dans les Gazettes de France, toutes les parties du corps ont successivement changé de conformation; la couleur du poil tirant sur le fauve a jauni de plusieurs nuances, le corps s'est rappetissé, et a grossi à différentes reprises, les jambes et la queue ont allongé outre mesure, la tête s'est élargie, et a cru prodigieusement en longueur, les oreilles, le dos ont souffert des changements, et si l'on continue à voir l'animal côd ou l'a vu, il ne faut envier qu'il a été uniquement formé pour nous livrer à la dispute. Une estampe dessinée en Gévaudan le représente avec un corps énorme sur des jambes de basset, une queue excessivement longue et touffue, et des griffes capables de mettre en pièces un éléphant.

Les monstres, s'il en existe dans les accouplements d'espèces différentes doivent être si rares qu'il faudroit une certitude entière pour pouvoir ranger la Bête du Gévaudan dans cette classe. A supposer même qu'elle fût échappée d'une louve et d'un chien, il seroit à présumer que la douceur de l'un auroit diminué la férocité de l'autre; le loup-cervier peut-être le plus terrible de toutes les fauves, à des marques distinctives sur lesquelles il est impossible de se méprendre; telle est la coupe du visage, telles sont les oreilles, et les rayes brunes transversales de la peau.

Si c'étoit une Hiene d'où seroit-elle venüe sans être annoncée par quelques ravages depuis les Frontieres de la Géorgie ou de la Grande Tartarie? car il faut bien qu'elle vienne d'Asie. Auroit-elle traversé plus de 20 degrés de longitude pour prouver que c'est dans le Gévaudan seul qu'elle trouve la chair humaine de son goût? Doit-on présumer qu'elle a échappé à son conducteur? son débarquement à Marseille ou ailleurs ne seroit-il pas constaté, depuis qu'elle est l'objet de l'attention publique?

On a remarqué qu'après toutes les longues guerres il a paru des Loups carnaciers dans différens païs. il y a quelques années qu'on en tua plusieurs qui dévoroient les habitans de la campagne de Genève: Vous avez entendu parler de ceux du Soissonnois? et ne peut-on pas penser que la Bête qui désoloit le Lionnois en 1756 étoit de la même nature, quoique le P. Tolomas l'ait rangée dans une fort belle dissertation dans la classe des Hienes? il est à observer que celle-ci disparut subitement, et ne donna que le temps de fonder sur son espèce des conjectures bien équivoques. Celle qui parut dans le Limosin en 1698 dont la description est insérée dans un livre qu'on ne lit pas, et delaquelle l'existence est démentie par des informations éxactes est assés conforme à celle du Gévaudan quant à la férocité. Seroit-ce un paradoxe insoutenable de croire de la même espèce ces Loups cerviers qui selon Harvey infestoient en 1700 la forêt d'Orléans? ils pourroient bien n'être de ce genre que dans les Gazettes qu'où l'on accuse cet auteur d'avoir trop servilement copiées.

Je finirai, Monsieur, par vous prier d'observer 1° que la Bête du Gévaudan n'a point de griffes, ou du moins qu'elle n'en a pas fait jusqu'ici le plus léger usage, elles sont cependant le caractère le plus distinctif des fauves les plus carnaciers. 2° que ses manœuvres sont éxactement celles du loup, dont la timidité la finesse et l'odorat ne peuvent être révoquées en doute. la façon d'emporter sa proye, sa force pour courir longtemps, et la structure de sa gueule seront pour moi des preuves que l'on ne pourra détruire que par des observations bien exactes. J'ai l'honneur d'être &c   La Barthe fils.

Extrait d'une lettre écrite à M. Fréron.

T. IV. p....

A Versailles le 18 Juin 1765.

...... Mr Antoine chevalier de l'ordre Roial et Militaire de St Louis, Porte'arque-buze du Roi et Lieutenant de Ses chasses a été envoié par Sa Majesté pour donner la chasse à la Bête féroce du Gévaudan. Ses talens pour différentes chasses sont connus. Il a Surtout réüssi à détruire beaucoup de Loups, Soit par les moyens des battües qu'il dirige très bien, Soit avec le Secours de chiens d'une Superbe espéce qui réüssissent plus malheureusement que dans un tableau représentant la prise d'un loup monstrueux que le Roi fit peindre. S. M. donna une copie de ce tableau à M. Antoine. les mêmes Lévriers qui prirent ce loup chasserent aussi ce grand loup du Soissonnois dont il est parlé dans la lettre de l'Abbé de Fiesne. Année littéraire. T. II. p. 103. Il fut tüé en même temps par deux Gardes des Capi-taineries Royales, et la gloire de Sa destruction fut indécise entr'eux. Le goût toujours vif de M. Antoine pour la chasse ne paroît point ralenti par la pratiq; presq; journalière de 50 années. il a 70 ans. il est saisi d'une bonne quantité d'excellens lévriers dont le choix a été fait dans les Capitaineries de S. Germain et de Versailles par M. le Duc d'Ayen et le Comte de Noailles. Mrs Les Ducs d'Orléans, le P. de Condé, et le Duc de Penthievre, ont donné aussi à M. An-toine l'élite de leurs gardes, et les meilleurs de leurs Limiers.

Extrait d'une Lettre écrite à Mr Freron

Clermont. 23 7bre 1765. T. VIII. p. 211.

.... La conformation de cet animal est celle d'un très gros loup, et non d'une hiene, telle que la décrivent les Naturalistes; ce qui me confirme dans cette opinion, c'est ce que vient de me dire M. Antoine fils. il assure avoir vu cet animal marcher de compagnie avec une louve bien décidée telle et 3 louveteaux..... au Surplus il est bien constaté que cette Bête de quelque espéce qu'elle Soit est bien précisement celle qui a fait tant de ravages dans le Gévaudan et l'Auvergne. ...... j'ai vü et touché la cicatrice de la Blessure qu'elle reçut au mois d'aoust dernier d'une jeune fille Servante du Curé de Paulhac.

Un de mes amis qui m'écrit de Mende a vu entre les mains de M. L'évêque un Etat qui prouve que dans ce Seul Diocèse L'animal dont on vient de purger le pais a dévoré 46 personnes et blessé 31. Tous ces faits Sont dans la plus grande exactitude, vous y pourez compter comme Si vous les aviez vûs vous même.

Outre cette Lettre on en lit encore une autre dans la même feuille écrite de Fontainebleau le 12 8.bre mais que j'ai cru fort inutile de transcrire ou d'extraire. elle ne contient qu'une déclamation apologetiq; en faveur de M. antoine contre differens propos qui Se[roient] répandus au Sujet de Son expédition. Sçavoir qu'il ne pouvoit S'attribuer la gloire d'avoir porté le coup mortel au loup féroce, puis qu'il n'étoit mort qu'après le coup de Reinchard Garde du Duc d'orléans; qu'il n'étoit pas besoin de ce grand appareil de 5 coups de poudre 35 postes pour tuer un loup; qu'il n'étoit pas bien certain que ce loup fût le Seul auteur de tant de meurtres &c. &c.

____

Copie d'une Lettre écrite à Mr Holker
Inspecteur Général des Manufactures par Mr Colson Entrepreneur d'une Manufacture d'étoffes à L'angloise au Mende en Gévaudan du 12 Janvier 1766.

Une nouvelle Bête féroce vient de commencer ses ravages dans nos environs; On ne sçait Si c'est la même, ou quelque camarade du Loup tué par M. antoine. mais il est certain que depuis son départ plusieurs personnes ont assuré avoir été attaquées de la même et avoir eu bien de la peine à Se deffendre. On ne les avoit pas cru d'abord; mais il y a environ 20 jours qu'au village de Julianges à une Lieüe du Malzieu 2 jeunes filles de 13 a 14 ans gard[oient] des vaches furent attaquées de cette Bête qui en culbuta une. L'autre étant venüe au Secours; elle quitta prise, fondit Sur l'autre qu'elle terrassa la Saisit par le milieu du corps et L'emporta dans un Bois. à Ses cris vint du Secours, mais la nuit empecha qu'on ne pût Suivre la Bête. on trouva le lendemain les deux bras, les deux jambes, et quelques morceaux des habits de cette infortunée; le reste avoit été dévoré. M........ de Mende envoia un exprès pour S'assurer de la vérité du fait qui n'a été que trop confirmé........ Plusieurs paisans croient avoir vu cet animal, et Soutiennent que ce n'est point un loup; pour moi je Suis d'un avis contraire et crois que c'est quelque compagnon de ceux qu'a détruits M. antoine.

(annonces, Affiches, et avis divers de l'orléanois. An. 1766. N.º 7.) (Je pense que cette lettre Se trouve aussi dans l'Affiche des Provinces.)

____

Lettres particulières
De M. d'Enneval et autres.

À M. de Fontaine. Maître particulier des Eaux et Forêts d'Alençon.

S. Flour 27 Février 1765.

Nous sommes arrivés ici, Mon cher ami, le mardi gras; en passant à Massiac, j'appris que cette Bête devoit être dans ces cantons. J'envoiai ici mon fils, et le même jour jusqu'à La Chapelle S. Laurent dans les montagnes à pied, les chevaux n'y pouvant aller à cause des neiges tombées cy devant. Il y avoit eu un petit garçon mangé pres tout à fait.

Le lendemain de la Messe deux païsans qui l'avoient vüe me la dépeignirent à peu près côe une estampe que nous a donnée l'Intendant de Clermont: elle ne ressemble en rien à celle que vous avés vüe, elle est haute côe un veau d'un an, fort allongée de corps et de tête, les oreilles courtes et droites; elle est rousse de partout excepté une raye brune sur le dos, la queüe fort longue et dont elle joüe côe un chat qui cherche à se jetter sur sa proye. elle ne reste point en place, et travaille continuellement dans 10 lieües environ de tour. elle est d'une legereté surprenante; j'ai été voir une ancienne passée, il y avoit 28 pieds d'un saut à l'autre en plat païs; cependant elle ne va pas toujours de même. J'ai été visiter aussi dans de vieux Bâtiment d'une Métairie abandonnée, il auroit fallu de la lumière, surtout la neige éblouïssante; hon m'avoit dit qu'elle y logeoit, mais je n'y trouvai que d'anciennes couchades.

On a fait quantité de battües de tout côté jusqu'à 15 ou 20 lieües rassemblées. il y a encores ici deux blessés à L'Hôpital, une femme d'un certain âge, le haut de la tête, la joüe et une oreille emportée; on croit qu'elle s'en reviendra par. l'autre une jeune fille qui a le bras mangé; elle lie tout à fait en coupant le col net, et prenant toujours par derrière ou de côté quand on n'est point secouru. Dimanche dernier une fille allant à la Messe, elle lui sauta sur

le corpe, l'abattit, et l'auroit dévoré si elle n'avoit été secourüe par un hôe
et des matins ; enfin tous les jours quelques nouvelles découvertes ; mais
côe il y a beaucoup de loups, peutêtre leur donne t'on le nom de la Bête : nous
allons nous fixer à S. Chely et la Garde ou l'ôn a remarqué qu'elle passe
souvent pour traverser d'auvergne dans le Gévaudan. Cette Bête n'est nul-
lement facile à avoir : enfin je ne perdrai courage qu'à la derniere extrémité.
Nos chiens ne sont pas encore venus, et ne sont pas encore prêts d'arriver.
nous avons été bien reçus par tout nous dinons aujourdhui chez l'Evêque.

A M. L'Intendant d'Alençon.

Termes le 29 Mars 1768.

Monsieur; nous n'avons point entendu parler de la Bête depuis le 22 que
nous l'avons chassée et suivie jusqu'à six heures du soir que nous étions à
presque tous à jeun. nous la trouvâmes auprès d'Aumont à deux lieües
d'ici sur la route de Mende sur les 8 heures du matin ; mais elle ne voulut point
s'arreter, passa à travers les rochers, les champs et les Bois, fut gagner S.
Alban ou nous trouvâmes M. le Cte de Morangiés, et des gens qui l'ayant
vü passer auprès du Château la poursuivoient ; delà elle fut à Gardelle et
delà à Chaunurette ou la nuit nous prit ; nous couchâmes à Malzieu.
Le 19 elle avoit passé entre La Garde et S. Chely delà à Albaret ou nous avions
les chiens. On la suivit et les chiens la chassèrent fort bien, jusqu'à 3 heure
de nuit qu'on eut bien de la peine à ravoir les chiens : elle avoit été tirée à
par un païsan qui auroit du la tuer, mais il en eut peur et la laissa éloigner davantage pour la tirer.
Les chiens ne demandent pas mieux que de la chasser ; mais côe elle a
trop d'avance, la difficulté est de la rencontrer à propos ; elle n'a tüé persone
qu'on sache depuis quelque temps ; mais elle n'a pas moins attaqué
excepté depuis le 19.
Je ne scais si je vous ai mandé que je n'avois proposter qu'à M. Cromeau
à Paris ; j'attendis longtemps M. Le Controlleur Général, mais il me fit
dire qu'il étoit occupé à la commission qu'il ne rentreroit que bien tard, et

que nous partissions le lendemain de bonne heure. J'en ai reçu des lettres
bien obligeantes pour tous les secours nécessaires. je n'ai point encore pris
d'argent en aiant encore, quoique je sois obligé de défraier 3 Gentilshommes
prussiens, mains bons chasseurs qui sont venus d'auprès d'Huriac à la
recommandation de leurs Seigneurs.

Nous nous ennuyons fort en attendant des nouvelles de cette Bête; je ne sçais
ou elle a pu passer son temps sans faire parler d'elle.

<hr>

Au même.
.... Le 11 Avril 1768.

Je n'ai que de mauvaises nouvelles à vous apprendre, cette Bête continue
ses ravages de plus en plus; elle a dévoré le 3 à Bergognoux Prié de
Fontans un petit garçon de 12 à 13 ans. le 4 à S. Denis proche les montagnes
de la Margeride une fille de 13 ans; nous l'avions suivie dès les chiens
la rapprochèrent, quoiqu'elle eût environ 2 heures d'avance, l'atteignirent,
et elle se trouva entourée se défendant fort et ferme. les Paisans vinrent
au bruit, et l'auroient détruite s'ils s'y étoient bien pris, et l'eûrent enveloppée; elle se débarassa des chiens quoiqu'ils la mordissent, gagna
un Bois d'ou elle les renvoya l'un après l'autre, en faisant de vives parties
dessus. il n'y en eut qu'un qui ne se trouva que le lendemain; au sub le
soir de ce jour là qu'elle passa sa rage sur cette fille, nous n'avions pu
joindre ce jour là. et l'endommagât auprès d'Arzain proche Château-neuf
une fille tuée, et un petit garçon endommagé. Avant hier elle parut suiv-
les rapports à Serverette sur la route dès à Mende. On s'assembla hier
à la pointe du jour, on fit une battue dans les rochers des environs de
Prunières; il sortit deux animaux un très gros, et un beaucoup plus
petit que mon piqueur ne reconnût de loin que pour deux loups; il rata
le plus gros à cause du très grand vent qu'il faisoit, et des grêléns
qui ne nous ont pas abandonnés. On fera la Semaine prochaine une
chasse, si cette Bête reparoît aux environs. Je pense que nous serons
obligés peut-être à l'avenir d'avoir recours au poison, si elle veut revenir

à sa proye. puisqu'elle ne se présente pas de bonne grace, il faudra un
de trahison. Sitôt qu'il y aura de bonnes nouvelles à vous envoier, je ne
perdrai point de temps.

J'ai oublié que le 7 il y eut une fille dévorée à l'Escalasse P[aroi]sse de Prunet
aagée de 19 ans.

Lettre d'un Picqueur de M. Le Comte de Montesson à Soumaître.

[Ce Picqueur a accompagné M. d'Enneval en Gévaudan avec
deux chiens de M. de Montesson.]

A Malzieu en Gévaudan le 22 Avril 1765.

Je vous donne avis de toutes les Chasses que nous faisons dans
ce païs cy Lesquelles ne nous ont point réüssi. Le 19 Mars nous
avons eu connoissance de cet animal, et même fait des poursuites.
Le 28 au village nommé Aumont nous l'avons poursuivi trois lieües
qui en valent au moins Six de nôtre païs du Maine. Le 4 Avril je
l'ai détourné dans le Bois de M. Le C[om]te de Morangiés. Si tous les
Tireurs eussent été au rendez-vous nôtre affaire étoit bien bonne.
J'ai été le Seul qui ai eu le bonheur de la détourner. il s'est fait
une chasse générale par ordre de M. d'Enneval où il y avoit au moins
10000 hommes Le 21 Avril; Le 28 du même mois autre Chasse générale.
Nous avons eu des Chasseurs de tous les païs, d'Avignon, de Valence,
de Montpellier, et de Nismes; tous ces gens là s'en sont retournés;
cette chasse les a totalement rebutés. Nous aurions grand besoin de
monde un peu connoisseur dans ce païs ici. Cet animal continüe
toujours Ses carnages; il attaque même les hommes à cheval. j'ai
trouvé dans mes quêtes plusieurs personnes dangereusement blessées
tant filles que femmes et garçons. Nos Six chiens se portent bien.
Je suis escorté tous les jours par un Gentilh[omme] d'Auvergne. Les mauvais

temps continuent toujours. les neiges, la grêle, les foudres, les vents,
et les pieds mouillés, et réduits à coucher sur la paille, je vous prie,
Monsieur, si vous n'êtes pas parti pour le Gévaudan, d'oublier ce voiage,
car c'est un pais abominable, très mauvaise nourriture, nous ne pre-
nons que des bouillons rafraîchissans faits de mauvais beure, on ne
voit point de bœufs dans le pais.

De M. d'Enneval à M. L'Intend.t d'Alençon

[Cette lettre qui est sans date doit avoir été écrite du 25 au 30
avril.]

Depuis une lettre que j'avois eu l'honneur de vous écrire ou je vous
mandois que la Bête avoit tué 4 jeunes gens depuis le jour des Rameaux
jusqu'au 7 du présent mois. nous n'avions eu aucune connoissance de
cet animal, ni par oui dire, ni par nos travaux. le 18 Avril elle tua une
vache d'environ 12 ans à 3 lieües d'ici, le Saignia cõe un boucher feroit
un veau, lui mangea les joües un œil, les cuisses, et lui disloqua les
genoux.

Le 21 je fis faire une battüe d'environ 20 P.ses ou elle fut trouvée sur
un rocher, par un batteur aâgé de 18 ans armé d'un vieux sabre, il
eut peur, et écria au secours parcequ'elle grondoit, et lui montroit
les dents, Son curé qui étoit le plus proche, vint avec un pistolet ; elle
s'enfuit en retrogradant les lieües.

Le 22 elle attaqua un garçon d'environ 15 ans, et une fille de 12 qui
gardoient leurs Bestiaux ensemble; ils se débatirent longtemps contre elle,
la petite fille se paran du garçon; à force de tourner elle sauta sur le
garçon, le culbuta, lui mordit le col par derriere, un peu la joüe et le
bras; la petite fille lui piquoit le derriere avec un mauvais petit outil:
à leurs cris arriva un de leurs parens aâgé d'environ 28 ans grand
et vigoureux, armé d'une hache dont il vouloit frapper la Bête; mais elle
esquivoit adroitement les coups; enfin abandonnant la partie, elle fut
rejoindre une autre Bête décidée leurs fort petite, qui aufsi arrivée lui
flaira la gueule, et lui lécha les lèvres. je tiens ce détail de ces gens

ha. ce n'est que de ce moment que j'ai remarqué que cette Bête s'accompagnoit d'une petite; car la dernière fois que nous l'avons chassée, elle
n'étoit pas seule; un jour que mon valet la rata à cause du mauvais
tempr, elle étoit encore accompagnée.

Battüe de 12 Bêtes le 23 avril. Le 23 nous fîmes une battüe avec environ 12 Bêtes. le même jour il
fut tué une petite loupe qui ne pesoit que 40 et quelques livres: sur les
borde de la battüe les paisans la voiant fuir, lui mirent leurs chiens
de Paro après, et l'abbatirent au milieu d'eux à coups de baïonnettes.
ils la portèrent au Subdélégué à Mende, qui la fit ouvrir en public, où
lui trouva dans le corps quelques chiffons d'étoffe et de linge, du poil et
des os qu'on jugea être de lièvre. voila le rapport du Subdélégué. je n'ai
pas jugé à propos de la faire apporter, voiant que ce n'étoit pas nôtre
principal objet. on soupçonne que ces Paysans avides de meilleure récom-
-pense auroient pu lui fourrer ces sortes de drogues avec quelque baguette
par la gueule dans l'estomac.

le 24 on nous vint avertir que des paisans avoient vu cette Bête au
petit jour; nous sortîmes, les paisans avoient pris le devant, nous
trouvâmes rien.

Mardi prochain 30 Avril présent mois nous ferons une battüe de
plus de 40 Bêtes, qui partant en ordre les plus éloignés avant les
autres, se rejoignant ensemble, et se rabattant sur une ligne de lièvres
envelopperont plus de 10 lieües de terrein. Dieu veüille qu'elle réüssisse.
j'ai défendu qu'on enlevât les 1ers corps morts, jusqu'à ce que je m'y
fus porté. je ne fus pas assez à temps au dernier pour l'assaisonner,
il étoit déjà enlevé.

Au même.
De S. Alban le 3 Mai 1765.

Battüe de 40 Bêtes le 30 avril. Le 30 du mois passé nous nous transportâmes à la pointe du jour
pour faire exécuter la battüe dont j'ai eu l'honneur de vous faire part

main ce jour là fut si pluvieux et nébuleux qu'il y avoit de la neige
jusqu'à mi-jambe dans les montagnes de la Margeride; cependant cela
n'empêcha pas les malheureux paisans de l'exécuter avec toute l'exac-
-titude possible; il y eut un fort gros animal de tiré 3 coups; mais nous
ne nous sommes point apperçus qu'il ait été touché.

Le 1. Mai nos gens firent les Bois de S. Alban, et les rochers de
Prunières, et dans ces derniers détournèrent la Bête; nous n'eûmes pas
le temps de les faire entourer par les tireurs; j'y lâchai 3 chiens qui la
suivirent par le chemin qu'elle avoit pris en sortant de ces bois, et voiant
qu'elle gagnoit les montagnes je les rompis; mais le soir sur les 7 heu-
-res elle fut vûe par M. de Martel Seig.r de la Chaumette qui était alors
à la fenêtre de sa chambre. Battue le 1 Mai.

La Bête suivant son rapport était assise sur son cul regardant son vacher,
et attendant vraisemblablement le moment favorable de sauter dessus; il
cria à un de ses frères que la Bête était là tout près, qu'il prît son
fusil, et qu'il l'accompagnât pour prendre les devants du Bois de la
Chaumette, tandis que son frère l'Abbé iroit par derrière la même suie de
leur côté; tout ceci réussit à souhait; aux approches de l'Abbé, la Bête
s'enfuit tout doucement pour entrer dans leur Bois. M. de la Chaumette
l'ainé la tira à 52 pas de distance d'un coup de fusil chargé à 3 balles,
elle tomba au coup. Son second frère M.r de Martel la tira à 67 pas
en se relevant d'un coup de fusil chargé d'un lingot, et la reculbuta; elle
recula ensuite dans les Bois où ils la suivirent, et s'apperçurent qu'elle
faisoit beaucoup de sang; elle fut même vûe par un paisan nommé
François Roche qui s'en apperçut aussi, et dit qu'elle avoit le col tout
en sang: ils la suivirent quelque temps croiant la trouver morte à peu
de distance; mais voiant que la nuit avançoit et que leurs recherches
étoient inutiles, ils nous dépêchèrent un exprès à 10 heures du soir;
la pluie tomboit bien fort, et nous ne pûmes nous y rendre qu'à la
pointe du jour le lendemain matin, où nous bivouâmes ces Messieurs
avec beaucoup de paisans, et des chiens de Paro, qui la suivirent La Bête blessée d'un coup de fusil par M. de la Chaumette le 1 May.

encore. Mon pere se fit conduire à l'endroit ou elle avoit été
tirée, et aiant pris un de ses meilleurs limiers à la botte, le chien la
lui donna tout de suite, et le mena par monts et par vaux, à travers
bois et montagnes, où il trouva effectivement à 10 endroits différens
du sang, aux uns plus, aux autres moins; mais il ne s'apperçut
pas que les branches dans les fourrés par ou la Bête passoit ou fuïoient
teintes, ce qui lui fit juger qu'elle ne pouvoit être blessée que sous la gorge
ou sous le poitrail. nous marchâmes de cette façon jusqu'au bois de
S. Denis et d'Apchier qui furent battus par plus de 200 païsans. La
grele et la neige ne discontinuerent point, et nous fûmes obligés de nous
en revenir infructueusement après avoir travaillé à pied depuis la pointe du
jour jusqu'à 6 heures du soir sans manger, ni boire, et nous revinmes
coucher à S. Alban; ou en arrivant on nous rapporta qu'un très gros
animal avoit voulu il ny avoit pas plus d'une heure attaquer un berger
ou son troupeaux à l'oraque P.sse des Fontans. Nous avions résolu d'y aller
ce matin; mais il ne fait que greler et pleuvoir. il est venu de Provence
ou du Languedoc plusieurs chasseurs qui se sont joints à nous.
Nous comptons faire lundi prochain une battüe de 8 a 10 P.sses pour scavoir
ce qu'est devenüe cette Bête. le 1er de ce mois il y a eu encore une louve
tuée dans les bois de S. Denis qui étoit pleine de 7 louveteaux.
Depuis ma lettre écrite on vient de m'avertir que la Bête a tué hier ? du
moins une fille du lieu de Pépinet P.sse de Venteuéjols proche l'abbaye
de S.te Marie aagée de 40 ans. mon pere part dans le moment pour aller
vérifier le fait. ce païs est dans la consternation et le découragement.

Lettre de M. Breuguiere Curé de Langogne, en Gévaudan en réponse à M.......qui lui avoit écrit au sujet de la Bête féroce.

[N.a que cette lettre dans l'ordre des dattes doit précéder celle qu'elle suit]

Langogno le 28 avril 1765.

Je n'ai différé à vous répondre depuis quelques jours que parceque je

vouloir vous donner des nouvelles positives de cette Bête fameuse.
Elle parut dans ce païs, il y a environ onze mois; elle y eu séjourna 3
ou 4; après quoi elle parcourut plusieurs lieux voisins; et s'est enfin
fixée du côté de S. Auban, où elle a continué ses ravages, elle dévora y
enfans des environs de cette ville. Le nombre de ceux qu'elle a pareillement
dévoré dans les autres endroits est indéterminé, mais il est considérable.
cet animal attaque principalement les personnes du Sexe; on s'escrime
à en chercher quelques raisons pour y donner du merveilleux; vous sçavez
M.r que ce goût a été de tous les temps, et il règne encore; la raison la
plus naturelle est que ce Sexe est le plus foible, et oppose moins de résis-
-tance, en second lieu ayant une plus grande quantité de Sang, il est plus propre
à désaltérer la Soif insatiable qu'il en a.

On donne des noms extraordinaires à cette Bête; il me paroit parce qu'en
disent ceux qui l'ont vûe que ce doit être un loup. Le premier regard l'a
toujours désigné sous cette dénomination. il est vrai que dans ses attaques
elle a paru tantôt avec des rayes blanches, tantôt avec d'autres marques
plus extraordinaires, et toujours d'une grosseur énorme; vous en comprenez
la raison, et elle est sensible, que ne voit on pas avec les yeux de la peur!
On a tué ces jours derniers un animal que l'on a transporté à Mende;
plusieurs disent que c'est celui qui nous faisoit la guerre; d'autres disent que
ce n'est qu'un loup; j'y vais demain pour m'assurer de la vérité; ce qu'il y a
de certain c'est qu'on n'en dit plus rien depuis quelques jours.

L'histoire du C.te de **** est un conte; vous en verrez le désaveu de la
part même de ce Seig.r dans le Courier d'Avignon.

Les faits sont trop multipliés, pour que j'aie l'honneur de vous en faire
un détail circonstancié; le plus mémorable est celui du jeune Portefaix,
il est inséré dans toutes les feuilles Périodiques; ainsi il est inutile de vous
le rapporter; nous avons dans ce canton deux filles qui ont résisté
avec un courage admirable, et qui échappèrent par ce moien.

M.r d'Enneval est du côté de Saugues dans le haut Gévaudan, frontière
d'Auvergne. Il a fait plusieurs Chasses sans réussir; je ne serois

point surpris qu'il ne fut pas aussi heureux qu'il a été en Normandie;
nôtre païs est coupé par beaucoup de montagnes, de Bois, de rivières, et
la Chasse surtout quand elle embrasse plusieurs lieues de terrain est très
difficile.
Voila, Monsieur, ce que l'on peut dire de plus raisonnable sur cet animal
dont l'origine est incertaine. Si celui qui est à Mende se trouve être le monstre
qui nous a si longtemps allarmés, qui s'il n'est pas Loups, doit être présumé en
provenir, et en tient pour la plus grande partie, je vous en donnerai avis
de Mende même. J'oubliois de vous dire que sa vitesse est assez surprenante, mais non telle que le peuple la raconte. J'ai l'honneur &c.

Lettre écrite à M. Le Curé de Langogne en réponse à la sienne.

Recevez mes remerciemens de la complaisance avec laquelle vous
avez bien voulu satisfaire aux différentes demandes que j'ai pris la li-
berté de vous adresser au Sujet de la Bête féroce qui désole vôtre Province.
On ne peut rien ajouter à vôtre procédé, non plus qu'à la manière intéressante
et agréable dont vôtre Lettre est écrite. Si tout le monde en Gévaudan avoit
pensé et raisonné aussi sensément que vous le faites sur cette Bête, la renom-
mée, n'en auroit pas publié partout tant de fables, tant de récits impertin-
nens faux, ou exagérés, dont il ne faut chercher la cause, côe vous le
détestez bien, Monsieur, que dans ce goût que les hommes en général
ont pour le merveilleux. Il semble même que pour peu qu'un fait soit
hors du commun; on se plaise à le Surcharger de circonstances encore
plus extraordinaires. Pour moi, ma méthode dans ces sortes de cas
(la possibilité admise) est de ne croire qu'aux choses bien avérées
et bien discutées, sinon mon jugement demeure Suspendu. D'après
ces principes vous jugez bien, Monsieur, que je n'ai pas ajouté une
foi entière, à toutes les histoires, et les détails qu'on a publiés au Sujet de cet animal. J'ai cru quant au fonds quelques relations de Sen-

exploits meurtriers, en rejettant ou ajoutant de certaines circonstances.
Quant à son espèce les conjectures que c'étoit une Hiene échappée, disoient
les uns de la Menagerie du Roi de Sardaigne, ou selon d'autres à un conducteur qui la menoit à la Foire de Beaucaire; cette conjecture, dis-je, étant
délicate; je serois assez porté à adopter celle qui le range dans la classe des
monstres, et qui le fait provenir d'un Ours et d'une hyéne qui a pu venir a
pleine des montagnes du Dauphiné dans les forêts du Gévaudan ou elle aura
mis bas; Cependant je ne serois point fort étonné que ce prétendu monstre
se trouvât enfin, coe soeur le disent, n'être autre chose qu'un vrai loup, malgré
les descriptions singulières qu'on a faites de son poil et de sa figure, descriptions qui ont si fort varié qu'on ne sçait encore à quoi s'en tenir.

A l'égard de son extrême vitesse dont on a tant parlé, et que vous pa-
roissiez révoquer en doute coe tout le reste, il est certain qu'il n'y a encore
la dessus rien de bien assuré. Il est bien vrai que M. d'Enneval dont
j'ai vu plusieurs +lettres, tant à ses amis qu'à M. l'Intendant d'Alençon parle
dans une de ces lettres d'un saut de 28 pieds en plain plat mesuré par
lui même sur la neige, et d'un autre saut pardessus une haye de 17 à 18
pieds. D'un autre côté, suivant ce que je viens de lire tout nouvellement dans
une lettre fort longue et fort détaillée de M. de la Barthe fils de Marvéjols
que M. Fréron a inseré dans son année Littéraire, on assure qu'en plus
d'une rencontre elle a été poursuivie et atteinte par des mâtins. En un
mot tous les récits qu'on en a faits sont pleins d'incertitude et de
contradictions.

Ce qui me paroît le plus étrange de cet animal, et que je regarde coe une
chose inouïe et sans exemple, c'est qu'il ait échappé depuis 9 mois à toutes les
mesures qu'on a prises pour sa destruction, à tant de battues composées de
plusieurs milliers de paisans, tant d'autres moins nombreuses, et de chasses
particulières exécutées avec toute l'ardeur, cette eli que doit inspirer aux paisans le
puissant appas d'une récompense considérable, et à ceux d'un certain ordre a
l'amour du bien, et la gloire de le détruire. Je sçais que la science du chasseur
se trouve d'ordinaire dans un pais tel que le vôtre, coupé de bois de montagnes
et de marais; mais cette raison n'est pas suffisante pour faire cesser mon

étonnement. car enfin n'est il pas bien singulier que de plusieurs paisans
qui l'ont rencontré, et dont quelquesuns même l'ont piqué avec de mauvais
batons armés de lames de couteau, le hazard ait voulu qu'aucun ne se soit
trouvé armé d'un fusil?

Et avoüez, Monsieur, que si les animaux étoient susceptibles d'ambition
et de passion pour la gloire, ce brave loup, si c'en est un, devroit être bien content
de lui même? et — si les loups se mêloient d'écrire l'histoire, il joueroit
un beau rôle dans leurs fastes, et que celui de l'espèce humaine n'y seroit pas
brillant. D'un côté sa tête mise à prix, des armées entières contre lui, la
force, la ruse, des moiens de toute espèce, le poison même employé pour
le combattre. De l'autre un loup seul devenu la terreur de plusieurs provin-
-ces, étonnant toute l'Europe de ses exploits, paraissant se multiplier pour
ainsi dire par son activité infatigable, trompant ses ennemis par les
manœuvres les plus hardies et les mieux concertées, et remportant sur eux
des victoires journalières.

Je ne doute pas pourtant qu'il ne succombe bientôt, il y a assez longtemps
que son règne dure pour que la fin en soit prochaine. Mais il y a apparence
qu'il sera plustôt tué dans une rencontre fortuite par quelque lourdaut de
paisan que dans les chasses et les battües; et c'est ce qui me fâche pour M.
d'Enneval que je voudrois pour beaucoup qui eut l'honneur, étant de sa
même ?? que lui et le connoissant assez pour lui désirer un succès
aussi flatteur, que la fortune, si elle n'étoit aveugle, sembleroit devoir déférer à
ses talens connus pour la chasse du loup, et à son zèle pour la destru-
-tion de ces animaux nuisibles.

Quelque longue qu'ait soit déjà cette lettre, souffrez, Monsieur, que je vous
entretienne encore un moment pour vous faire part d'une idée qui m'est
venüe il y a déjà longtemps qui, si je ne me trompe, auroit pu hâter la
défaite de cet ennemi redoutable. j'aurois voulu que dans chaque Bourg ou
village du canton ou il a coutume de se montrer le plus souvent, les habitans
se fussent accordés entr'eux pour établir une garde de 7 ou 8 hommes plus ou
moins, à l'instar des gardes militaires, qui se seroit relevée de même d'un lieu
à ?? heures, dont ?? auroit tiré des sentinelles pour mettre en embuscade pendant

le jour sur toutes les avenües de l'endroit. Si cela s'étoit pratiqué exacte-
-ment depuis quelques mois, lorsqu'on a vu que les battües ne réüssis-
-soient pas, n'est-il pas vraisemblable qu'aiant ordinaire de chercher la proye
autour des villages, et dans les villages même il auroit pu donner dans le
piège? au reste cette idée n'appartient pas à moi seul; elle est si naturelle
qu'elle est encore venüe à d'autres avec qui je me suis rencontré.

J'ose vous prier, Monsieur, s'il se passe quelquechose de nouveau concernant
cette Bête fameuse de vouloir bien m'en faire part; et surtout de m'informer des
défaites et des particularités que vous en sçaurez, lorsque cet événement si
desiré aura lieu. J'ay l'honneur d'être &c.

De M. d'Enneval à M. l'Intend.t d'Alençon.

A Malzieu le 18 Mai 1765.

Je crois qu'il est arrivé quelque sinistre événement à la Bête en
question; depuis le 2 de ce mois, jour qu'elle tua cette fille d'environ 40
à 50 ans. Nous n'avons pas appris qu'elle ait fait aucune attaque,
meurtre ou blessure, ce qui me pourroit donner à penser que les blessures
qu'elle a reçües la veille par M. de la Chaumette, le même jour que nous
fîmes une battüe à S.t Alban, où je suis sûr d'avoir trouvé beaucoup de
sang le lendemain dans la poursuite que j'en fis, pourroient lui avoir
occasionné quelqu'accident; ceci joint au poison dont j'avois assaisonné le
cadavre, quoique cependant on ne m'a pas rendu compte qu'elle y eût goûté;
ensuite deux coups de fusil qu'on lui tira à la chasse du 6 de ce présent
mois, l'un par un paisan à 20 pas, après l'avoir ratée deux fois
arrêtée; l'autre par M.r de la Fayette Gentilh.me d'auvergne, l'un de
nos meilleurs tireurs à 15 pas, mais à cheval arrêtée; après quoi
nos chiens l'atteignirent, la mordirent plusieurs fois, aussi ce maints
chasseurs, mais malheureusement, le grand vent, et le mauvais temps
nous firent perdre la chasse, et nos chiens ne revinrent que le lendemain
dont l'un avoit bien crotté à son collier. Le Dimanche 12 nous refîmes

Battüe le
12 Mai

une Battüe dans laquelle on nous vint donner une alerte; c'étoient deux Loups qui furent tirés à 60 pas; On vient souvent nous en donner de pareilles; mais jusqu'à ce que La Bête, attaque blesse ou tüe quelqu'un, je n'ai pas lieu de croire qu'elle existe encore. Nous fîmes encore une

Battüe de
40 Bêtes le
16 May.

battüe d'environ 40 Bêtes le 16 où nous ne vîmes ni entendîmes parler de rien. Demain nous en ferons encore une, et si dans quelque temps nous n'en recevons aucunes nouvelles positives, il y aura tout lieu d'espérer qu'elle aura péri dans quelque ravin ou rocher, jusqu'où elle aura pu aller. j'aurai soin de vous informer de ce qui se passera à l'avenir.

Au même.

A Malzieu le 22 Mai 1765.

Dans le temps qu'il y avoit lieu d'attendre que la maudite Bête ne pouvoit être morte de ses blessures, étant certain qu'elle avoit été touchée au gros sang, qu'elle avoit encore essuié plusieurs coups de fusil, les chiens l'aiant mordüe plusieurs fois, et l'aiant menée très loin; depuis n'aiant fait aucune attaque, blessure, ni meurtre, ni fait parler d'elle certainement pend.t 19 jours; nous avons été tous bien surpris lorsque Lundi dernier on nous vint annoncer que Dimanche au soir par où nous faisions une battüe, il y avoit eu une fille d'environ 30 ans dévorée au Bois de Servilanges Psse de Ventuéjols où La dernière avoit été tüée le 2 du courant; j'y fus sur le champ, et empoisonnai le reste du cadavre, ce qui je crois, ne seroit pas inutile; mais les paisans malgré tout vont la nuit la garder et faire des loges auprès. Cette fille a eu la tête emportée si loin qu'on ne peut la retrouver, une épaule avec le bras mangé et enlevé, tout le haut de la poitrine rongé; on ne sçait à quelle heure cela s'est passé, parce qu'on la retrouva avec le flambeau; Il y eut à la battüe de Jeudi dernier une louve tüée avec

Battüe le
19 Mai

ses 8 petits à Morenet Psse de Ventuéjo, et Dimanche dernier un loup qui fut mouri sur une Psse d'Auvergne, la plus proche de

cette Bête. hier sur les quatre heures à mon retour je trouvai ici
une grande alerte; on venoit de courir la Bête soi-disant qui poursuivie
d'ailleurs avoit été tirée à 20 pas. elle passa la rivière tout près de la
ville, et regagna la montagne. Il est bien malheureux que cela ne
réüssisse pas mieux; demain nous refaisons une battüe, et la dernière   Battües le
des Fêtes de la Pentecôte.   23, et 28
                                                                          Mai.
Voilà le 19e. loup tué depuis nôtre arrivée dans ce malheureux païs
tant grands que petits, sans compter les mal tirés.

Aumême.

A Malzieu ce 4 Juin 1768.

Arrivant ici de Sauguen hier au soir, et aiant fait une battüe ou boïs   Battüe le 3
n'eut aucune connoissance; j'ai l'honneur de vous informer que le Consul   Juin.
de Sauguen me vint avertir qu'il y avoit eu une fille dévorée au village
de Lavre Bête de Nozeyrolles en Auvergne; je ne puis vous en dire les
particularités; mais le fait n'est que trop vrai. vous avez sçû à
moins que la lettre ne vous soit pas parvenüe, le détail du 24 qui
est surprenant, deux personnes dans le même jour égorgées, une autre
qui s'en est sauvée; cela nous décourage après tous les travaux
dont tout le monde est instruit et convaincu; les Chasses fatiguent et
s'ennuient du mauvais succès; mais je le donne à quiconque s'est
mieux employé ou s'employera. D'ailleurs je sçais que M. de Morangiès
a dit, et écrit à ceux qui s'informoient dans le païs, que nous ne tra-
-vaillions point, qu'on menoit les chiens d'une demie-lieüe; qu'il
les avoit vu chasser, qu'il croioit qu'ils se chassoient par cette Bête,
dans le temps qu'il ne doit point ignorer que nos gens aiant détourné
dans son boïs dont il ne veut pas que personne approche (aiant fait
désarmer de son autorité tous les païsans) la Bête y fut levée, et
chassée, et que les chiens l'aiant menée par le Boïs du Sauvage y
restèrent perdüe: qu'à une autre chasse la Bête aiant été levée à

Freyssinet, elle vint tomber à Esouze dans les montagnes. S'étant fait voir à Freyssinet, on mit les chiens après, et lui même les vit rapprocher, et les louoit beaucoup; disant publiquement qu'il étoit fâcheux que ces chiens là ne fussent pas soutenus; dans le temps qu'étant monté sur une médiocre bête valant bien 50 écus, mais qu'il aime, il étoit à portée aiant un fusil d'approcher la Bête qui aiant été lancé par M. de La Fayette à 15 pas fut arrêtée par les chiens quelque séparés; mais suivant son dire, il ne voulut pas crever sa jument qu'il estime beaucoup. Cela est au sçeu de tout le monde. Je crois que c'est la raison qui l'a indisposé que l'on avoit glissé ces propos qui cependant n'ésont aucun tort. il est venu chasser en litière, et passant son chemin: je crois qu'il n'est pas connoisseur sur cet article. Il a été témoin qu'étant à S. Alban non genre et nous mêmes allâmes à l'affût autour de son Bois, et dans les gorges et passages où la Bête prenoit sa route. Tout cela ne cadro pas avec ce qu'il avance. Il me fait un reproche que nous n'avons pas fait tuer les loups qui ont été détruits; je ne m'en suis point fait un mérite, j'ai dit qu'ils n'avoient été détruits que dans les jours de battue, témoin le jour de l'ascension, et le Dimanche ensuite suivant le rapport du Curé du Venteuse, très respectable de toutes façons. Je ne sçais s'ils ont été payés en auvergne; ceux qui ont été portés à Mende à M. de La Fond; j'en suis sûr. ainsi je n'ai point exposé rien que de vrai.

Au même.
A Paladine le 16 Juin 1765.

Battüe des Esses le 16 Juin

Tous les tireurs se rendirent à 6 heures du matin Dimanche dernier 16 de ce mois pour éxécuter la battue dont j'ai eu l'honneur de vous parler dans ma dernière Lettre. Nous portâmes les tireurs en ligne le long de la montagne de Montgrand dans la Margeride; peu de temps après les Esses ordonnés pour la battue se mirent en mouvement et la Bête fut levée sur celle de Julianges qui la conduisent droit aux terreaux; mais Soit qu'elle entendit du bruit ou autrement; elle rebroussa chemin, et fut Se retirer dans un bled qui n'avoit pas plus de 20 Sillons au bas de la montagne. Pendant ce temps là deux personnes qui vouloient se cacher pour aller pêcher, l'aperçurent relever du d. bled, et ne la retournèrent que quand elle fut Sortie. alors ils Se rendirent à la Bête; on nous envoia avertir, mais il y avoit une grande lieüe: nous nous mîmes après, et chemin faisant nous apprîmes qu'elle S'étoit jettée Sur une petite fille âgée d'environ 10 ans qui gardoit deux bœufs au village de Varennes P.sse de Julianges; mais heureusement pour elle ces deux Bœufs vinrent la dégager, et elle en fut quitte pour un coup d'ongle à l'épaule gauche; nous l'avons vu et questionné, elle n'en Sera point endommagée; ensuite prit Sa route par Les Bois de Ferolette P.sse de Corcieux en auvergne, où elle blessa une chèvre qui en est morte, et dans le même instant elle voulut se jetter Sur une petite fille qui gardoit des cochons, mais ces animaux la Secoururent de même que Sa mere qui Se trouva heureusement à portée, et la fit passer le ruisseau de Ferolette; delà elle passa dans les Bois de Lorsiere, ensuite par les montagnes, puis ceux de Mancillac où elle avoit au moins 4 heures d'avance Sur nous, tout le monde Sy porta avec zéle, mais la nuit nous obligea à coucher à Paladine. Voila déja deux fois qu'elle la manque belle dans ce nouveau poste, ce qui nous fait espérer qu'enfin elle y Succombera.

Au même.

A.............. Le 22 Juin 1765.

Je n'ai qu'un moment pour vous donner avis que hier 21 la Bête a tué un garçon d'environ 14 ans, lui a coupé le col, mangé une cuisse et rongé tout le corps à Pepiny paroisse de Ventüejo. Le même jour Sur

[marge] Le 21 Juin La Bête tué un enfant de 14 ans, lui mangé une cuisse et lui rongé tout le corps.

La même P.tô elle a dévoré à Sauzet une fille d'environ 45 ans, lui
a coupé le col, et emporté un bras, et mangé une partie du côté. pareil
jour encore an 21 elle a emporté assez loin une petite fille d'environ 10 ans
proche la Pausé P.tô de Pinat frontiere de l'Auvergne et du Gévaudan.
un jeune enfant de 12 à 13 ans dit lui avoir donné un coup de Bayonnette
dans le cou, pendant qu'elle étoit occupée après cette petite fille; elle n'a
qu'un bras endommagé, et on ne croit pas qu'elle en meure.

chasse géné- M. Antoine doit arriver aujourd'hui, et je lui ai mandé qu'il se presse
rale le 25 parceque demain nous ferons une battüe générale que j'avois recommandée
Juin.   à ce sujet. C.ô je n'ai ni ambition, ni vanité, je tâcherai de me concilier
            avec lui pour exécuter le tout pour le mieux. Il pleut continuellement depuis
            10 ou 12 jours &c.

Journal des ravages de la Bête féroce du Gévaudan depuis le Mois de Juillet 1764, jusqu'en Juin 1765.

Juillet 1764. Le 3 Une fille dévorée au village des Abas Poisse de S. Etienne de la Durée du côté de Langogne en Gévaudan.

Aoust. Le 8. Une fille dévorée au Mas major d'Alliers Poisse du Puy-laurent en Gévaudan..... Le même jour un garçon de 15 ans au Chayla-l'Evêque Poisse de Chaudeirac en Gévaudan.

Septembre. Le 1 Un garçon dévoré au même lieu du Chayla..... Le 6 une fille dévorée au lieu d'Estaxz Poisse d'Arzain de Randon en Gévaudan. ..... Le 16 Un garçon au lieu de Choisinet Poisse de S. Flour de Mercoire en Gévaudan.

Octobre. Une fille dévorée + Le 7 au lieu du Pescher Poisse de Prunières proche S. Chely en Gévaudan, on trouva la tête 8 jours après..... Le 8 dudit la Bête d'un coup de patte emporta les cheveux avec toute la peau de la tête à un jeune garçon Poisse La Fage-Montivernont en Gévaudan, on y courut, la Bête s'enfuit, et le jeune garçon est guéri de ses blessures; il resta quelque temps comme imbécille..... même jour elle attaqua un autre garçon x en Gévaudan au lieu de Soubeyroux, lequel gardoit du Bétail à cornes; et sans le secours des Bœufs qui vinrent contre la Bête il auroit été dévoré malgré une hallebarde avec laquelle il s'efforçoit de se deffendre..... Le 12 elle fit plusieurs bles-sures à la tête et à la poitrine d'un garçon de 14 ans au lieu de Faires Poisse de Nivairge en Gévaudan, il fut secouru, et a guéri de ses blessures..... Le 18 un enfant de 10 ans dévoré au lieu du Coubrandes Poisse S. Colombe en Gévaudan; la Bête lui coupa la tête et lui mangea les poulmons..... Le 18 Elle coupa la tête à une fille de 18 ans au lieu de Grezes Poisse de S. Alban en Gévaudan.

Novembre. Le 25 une vieille femme dévorée au lieu de Basserat P(aroi)sse d'Au-
-mont en Gévaudan, elle eut la tête coupée et l'estomac mangé.

Décembre. Le 20. Une fille dévorée au lieu de Pueil P(aroi)sse des Faux de Pierre
en Gévaudan, elle étoit dans son jardin, la Bête l'a prit par derri-
-ere et lui coupa la tête..... Le 22 Une fille dévorée au lieu de
Prades en auvergne..... Le 24 un garçon dévoré P(aroi)sse de Cha-
-naceilles en Gévaudan....... Le 26 Une fille dévorée au Rieutort
en Gévaudan.

Janvier 1768. Le 6 une femme dévorée à S. Geury P(aroi)sse de Tournels. elle
etoit dans son jardin joignant le village, lorsqu'elle fut saisie par la
Bête qui lui rongea l'estomac, et que le chien d'un Berger, et le bruit
des gens qui venoient de la Messe fit enfuir... Le 12 combat du petit
Portefaix et de ses camarades. Portefaix a été envoié à M.
l'Intend(ant) à Montpellier ou on le(s) tient en pension; mais on dit que
l'on n'en tirera pas grand'chose. ... le même jour un enfant dévoré
P(aroi)sse de Grezes près Saugues en Gévaudan. ... Le 14. un autre
enfant dévoré à la chapelle-Laurent en auvergne..... le 15 la
Bête fit plusieurs blessures à une fille près La Bastide en auvergne
elle fut secourüe et portée à l'hôpital de S. Flour ou elle a guéri.
... Le 20 elle blessa au col et à la jüe une fille de 8 ans au lieu
de La Plaque P(aroi)sse de Bacoux en Gévaudan, elle étoit dans un jardin
proche sa maison. La Bête la saisit et l'emportoit; des enfans crierent
au secours; les gens du village sortirent, et la Bête fuit. La petite fille
guérit parfaitement de ses blessures. ... Le 22 une femme dévorée au
lieu et P(aroi)sse de Sulianges en Gévaudan # Le 30 la Bête blessa
dangereusement une fille de Charmensac P(aroi)sse de S. Just en auvergne,
elle fut secourüe et portée à l'hôpital de S. Flour ou elle mourut
de ses blessures.

Dans le même mois de Janvier la Bête dévora une fille du village de Villaret Pꝰe de S. Chely en Rouergue au dessous du Bois d'aubrac; elle voulut ensuite en attaquer une autre dans un autre village de la même Pꝰe, mais elle en fut empêchée par le père de la fille qui venoit à sa rencontre.

Février. — Le 9 une fille dévorée au Mialanet Pꝰe de Malzieu en Gévaudan. Le 24 la Bête attaqua et blessa une fille de la Mole Pꝰe de Termes en Gévaudan, qui fut secourue et guérit de ses blessures. Le 28 elle blessa une femme au lieu de l'Escure Pꝰe de Tournel en Gévaudan qui fut secourue par sa servante, laquelle saisit la Bête par une patte de derrière et lui fit quitter prise. pour lors elle se jetta sur la servante, et la mordit au visage et à un bras; elles furent secourues et guérirent de leurs blessures... Le même jour une jeune fille dévorée au lieu de Chabriès Pꝰe d'orcain d'apcher. La Bête lui mangea tout le corps, excepté les entrailles, la tête et les pieds.

Mars. — Le 1. La Bête prit un enfant qui étoit à la porte de sa grange au lieu du Faw Pꝰe de Brion en Gévaudan. le père accourut aux cris de l'enfant, et fit lâcher prise à la Bête. il fut légèrement blessé et guérit de ses blessures. ..... Le 4 une femme dévorée Pꝰe de Bailly en auvergne... Le 8 un enfant dévoré au lieu du Fayet Pꝰe d'Albaret en Gévaudan; la Bête lui coupa la tête et lui mangea une partie d'un bras... Le 9 une fille dévorée au lieu de Raines en Auvergne. Le 11 une fille dévorée au lieu et Pꝰe de Fontans en Gévaudan. Le 13 la Bête enleva un enfant au village et Pꝰe d'Albaret S.te Marie en Gévaudan qui fut secourue et dangereusement blessée; cependant elle se guéri de ses blessures. ..... Le 14 elle emporta un enfant du village de la Besoire Pꝰe de S. Alban en Gévaudan qui étoit devt. la porte de sa maison; il fut secouru, mais trop tard, et mourut de ses blessures trois jours après... Le 15 un enfant dévoré au lieu du Pouget Pꝰe de Touras en Gévaudan.

Le 29 un garçon dévoré au lieu du Chaila Pᵉ de Sarodes en Gévaudan

Avril. Le 4 un garçon dévoré au lieu et Pᵉ de S. Denis en Gévaudan .... Le 5 un garçon dévoré Pᵉ de S. Alban en Gévaudan. Le 19 la Bête blessa dan-gereusement un garçon à la Pᵉ de Sauvillar en Gévaudan qui fut secouru. Le 22 elle attaqua un garçon au Confours Pᵉ de St. Sabrieu en Gévaudan qui fut également secouru.

May. Le 2 la Bête coupa la tête à une fille aagée de 32 ans Pᵉ de Ven-tuejols en Gévaudan ..... Le 19 une femme de 45 ans près Servilange Pᵉ de Ventuejols ..... Le 24 blessa dangereusement une fille de 24 ans à S. Privat du Fau en Gévaudan, une heure après dévora une fille de 10 ans au Marcel même Pᵉ, et le soir du même jour blessa encore un enfant au lieu de Ruines en Auvergne ..... Le 28 elle attaqua un Paisan de Paladine en Auvergne. Il étoit à cheval et proche de son village ; il eut besoin d'un prompt secours, sans quoi la Bête qui l'avoit déjà fait tomber de cheval en seroit infailliblement venue à bout.

Juin. Le 1. Une fille dévorée au lieu de Nozeyrolles près du Besset en Au-vergne frontière du Gévaudan, laquelle gardoit du Bétail. Une autre fille qui étoit avec elle se sauva et fut se cacher dans les rochers ; ses parens la trouvèrent 8 jours après, elle a totalement perdu l'esprit. Le 21 deux femmes dévorées proche le village du Sauxet Pᵉ de Ventuejols en Gévaudan. On avoit fait laisser les cadavres sur la place. M. Antoine arriva au Malzieu le 22 et fut voir les cadavres le 23 avec Mrs. d'Ennival. M. Antoine s'est établi à Saugues. Saugues est à 3 bonnes lieues au dessus du Malzieu, au delà de la Margeride qui tient le milieu entre ces deux villes. La Bête fréquente beaucoup cette Montagne et les environs depuis plus de 5 semaines.

Total des personnes dévorées } 40. / des blessés ... 18.
jusqu'au 21 Juin .... }

Procès verbal de la Prise du Loup féroce du Gévaudan par M. Antoine. Le 20 Septembre 1765.

L'an Mil sept cent soixante et cinq le 19.e jour du présent mois de Septembre Nous François Antoine Cheval.er de l'Ord. Roy. et Mil. de S. Loüis. Port'arquebuze du Roi, Lieutenant des chasses de S. M. étant par ses ordres rendu dans les deux Généralités d'Auvergne et de Gévaudan à l'effet d'y détruire la Bête féroce qui y dévore les habitans, nous étant transporté avec le Sieur de la Coste Garde général, Pelissier, Reynaut et du Moulin Garde-chasse de la Capitaine. Royale de S. Germain. les S.rs Lacour et Reinchard Gardes à cheval de S. A. S. Mg.r Le Duc d'Orléans Premier Prince du Sang, le S.r Lesteur, Lachanay et Bonnet Gardes-chasse de S. A. S. Mg.r le D. de Penthièvre à l'Abbaye Royale des Chazes en Auvergne, aiant été informé que les loups y faisoient beaucoup de ravages; c'est ce qui nous a fait envoier le 18 les S.rs Pelissier et La Cour Gardes-chasse avec leurs limiers et La Fenille valet des limiers de la Louveterie du Roy pour reconnoître les Bois de la Réserve des Dames de l'Abbaye Royale des Chazes; et le lendemain 19 du d. mois ils nous auraient envoyé avertir par le S. Bonnet qu'ils avoient vu un très grand loup, et qu'ils avoient pleine connoissance aussi dans le d. Bois d'une louve avec des louveteaux après forts, ce qui nous a fait aussitôt partir tout de suite pour aller coucher au d. lieu de Chazes en Auvergne distant du Besset de trois petites lieües; et le lendemain 20 du d. mois les d. trois valets de Limier et le nommé Bevry valet de chiens nous aiant fait rapport qu'ils avoient détourné le d. grand Loup, les louves et les louveteaux dans les Bois de Pommières dépendant de la d. Réserve Nous nous y sommes transportés avec tous les Gardes-chasse et les Tireurs habitans de la ville de Langeac et des Paroisses voisines, ou après être tous placés pour entourer le

d. Bois. Les d. valets de Limier, et les Chiens de la Louveterie s'étant mis à
fouler le d. Bois. nous François Antoine et d. nous étant placés à un
débroit, il nous seroit venu par un Sentier à la distance de 50 pas ce grand
Loup en présentant le côté droit, et tournant la tête pour me regarder, et sur
le champ je lui ai tiré un coup de derrière de mon canardière chargée de 5 corps
de poudre de 35 portes à loup et d'une bale de calibre dont l'effort du coup m'a
fait reculer deux pas; mais le d. loup est tombé aussitôt aiant reçu la bale
dans l'œil droit, et toutes les d. portes dans le côté droit tout près de l'épaule,
et comme je crois Halaly il s'est relevé et est venu sur moi en tournant et
sans me donner le temps de recharger ma d. arme. J'ai appellé à mon secours
le S. Reinchard placé près de moi, qui l'a trouvé arrêté à 10 pas de moi, et
Lui a tiré dans le derrière un coup de sa carabine qui l'a fait refuir environ
25 pas dans la plaine ou il est tombé roide mort. Nous François Antoine
et d. nomme, et nous Jacques de la Font avec tous les Gardes-chasse cy-
-dessus déclarés aiant examiné ce loup avons reconnu qu'il avoit 32 pouces
de hauteur après sa mort, 5 pieds 7 pouc. et $\frac{1}{4}$ de longueur, que la gros-
-seur de son corps étoit de 3 pieds, et que les crocs, les dents machelières, et
les pieds de cet animal nous ont parû des plus extraordinaires. le d. loup
pesoit 130 livres. Nous déclarons par le présent Procès verbal Signé de
nôtre main n'avoir jamais vu aucun loup qui pût se comparer à cet animal;
c'est pourquoi nous avons jugé que ce pourroit bien être La Bête cruelle, ou un
Loup dévorant qui a tant fait de carnage, et pour en prendre une plus grande
connoissance nous avons fait ouvrir le d. loup par le S. Boulanger Chirurgien
Expert de la ville de Saugues qui a fait son rapport en présence de M.M.
Antoine père et fils, de M. de la Font, de tous les Gardes-chasse Sous-
-signés, des deux valets de Limier de la Louveterie du Roi, de M. Torrent curé
de Venteuejols, de M. Jean Joseph Vernet et son frère de la ville de Saugues,
de M. Torrent de la Serre Paroisse de Venteuejols, et de M. Mousson de
la Paroisse de Grèze. Et sur ce se sont présentés. 1erement M. Torrent curé

de la P.sse de Ventuejols et Guillaume Gavier Consul de la d.e P.sse, qui
nous ont amené le nommé Jean Pierre Louis âgé de 15 ans, et Marie
Trincard âgée de onze ans qui nous ont déclaré tous deux après avoir examiné
le d. Loup que c'étoit la même Bête qui les avoit attaqués, et blessé la d.
e Marie Trincard le 21 Juin dernier, ainsi qu'il est déclaré par le Présent Procès
verbal fait par nous. En conséquence et ne sçachant écrire ni l'un ni l'autre,
M. le Curé et le S. Gavier Consul ont signé pour eux au bas du présent
Procès verbal. En second lieu M. Bertrand Louis Presxent Curé de la P.sse
de Paulhac, et le S. Ducros Consul de la d.e P.sse nous ont amené les nommés
e Marie - Jeanne Valex et Thérèse Valex sa sœur qui ont déclaré avoir été
attaqués le 11 du mois d'Aoust dernier par la d.e Bête, suivant et ainsi qu'il
est déclaré par le Procès verbal fait en conséquence; lesquelles deux sœurs
après avoir bien examiné le d. Loup, elles ont déclaré que c'étoit la même Bête
qui les avoit attaqués, et ont reconnu le coup de baïonnette qui leur a été re-
-présenté et que la Bête avoit reçu à l'épaule droite; Sur laquelle interro-
-gation elle a répondu qu'elle ne pouvoit déclarer où elle l'avoit blessé.
Et été representé aussi Guillaume Bourgounhoux et son frère: Jean
Bourgounhoux l'aîné âgé de 17 à 18 ans et son frère cadet âgé de 15
ans et ont déclaré tous deux avoir été attaqués de la d.e Bête le 9 Aoust
dernier, et secourus par Pierre Mercier Garde Juré de M. le Baron du
Besset; lesquels après avoir aussi examiné de toutes parts le d. Loup ont dé-
-claré l'avoir bien reconnu totalement pour la même Bête qui les avoit attaqués,
ainsi que la nommée Jeanne Mercier âgée de 11 ans attaquée aussi à la
même heure, et qui fut défendue par Pierre Vidal qui a déclaré que le d.
Loup est la même Bête qui avoit attaqué la d. nommée Marie Jeanne
Mercier, lesquels ne sçachant signer ni les uns ni les autres, le d. M.
du Mont Curé et le d. S. Ducros ont signé au bas du présent Procès verbal.
Lequel examen fait autant que le temps a pu permettre, nous avons jugé
qu'il étoit convenable d'envoyer le d. Loup en poste par le S. Antoine de

Beauterne nôtre fils accompagné du S. de La Coste Garde général à M. de Balainvilliers Intendant de la Province d'auvergne pour en disposer suivant ce qu'il jugera nécessaire. et aiant laissé le S. Laghenay Garde de Monseig.r le P. de Penthievre Prince du sang au Besset pour vous donner avis de ce qui se passeroit dans ce canton suivant les connoissances que lui en auroit donné M. de La Font qui avoit bien voulu s'en charger, il doit être compris au Service du Roy comme s'il eût été présent à nôtre chasse. Fait au Bois de la Réserve des Dames de l'Abbaye Royale de charles en Auvergne. Par supplement. 10. Le curé de Ventuejols vient de me presenter la nommée Marie Anne Ca-misole âägée d'environ 20 ans, le nommé Jean Fontanier âägé d'environ 15 ans, et Jacques Allier âägé de 12 ans ses Paroissiens du lieu de Combret qui ont dit tous unanimement reconnoître cette Bête pour être la même qui leur a apparue le 21 du mois de Juin dernier et ont déclaré aussi ne sçavoir signer. Et nous affirmons pour fait véritable le présent Procés verbal les jours et an que dessus. Signé, Antoine. Antoine de Beauterne. La Coste. Delissier. Reynault Et Moulin. La Font. Reinchard. La Fleur. L'Esteur. du Mont curé de Paulhac. Torrent curé de Ventuejs. La Cour. Bonnet. Berlonnier. La Tenille. Maufron. Clernet. Bigon. Lamada. Sauveton Chirurgien. Boulanger chirurgien. Torrent. Bigot Consul. Ducros Consul. Garnier.

Nous François Boulanger M.e Chirurg. Juré de la ville de Saugues déclare avoir fait l'ouverture d'un Loup par ordre de M. Antoine lequel aprés l'avoir vuidé et sorti les entrailles, avons trouvé plusieurs Lambeaux de chair et os dans lesquels os nous n'avons pas bien pu discerner si ce n'est quelques côtes de mouton; laquelle ouverture a été faite en présence de M. Antoine, M.r son fils; M. de La Fond. M.rs les Gardes-chasse et les habitans de Besset et autres. Je certifie le présent rapport sincère et véritable. Fait au Besset le 21 7.bre 1765. Signé Boulanger chirurgien.

FIGURE

DE LA BÊTE

FAROUCHE

ET EXTRAORDINAIRE, QUI DÉVORE LES FILLES
Dans la Province de Gévaudan, & qui s'échappe avec tant de
vitesse, qu'en très-peu de tems on la voit à deux ou trois lieues
de distance, & qu'on ne peut l'attraper ni la tuer.

EXPLICATION.

On écrit de Marvejols, dans la Province de Gévaudan, par une Lettre en date du premier Novembre mil sept cent soixante-quatre; que depuis deux mois il paroît aux environs de Langogne, & de la Forêt de Mercoire une Bête farouche qui répand la consternation dans toutes les Campagnes. Elle a déja dévoré une vingtaine de Personnes sur-tout des Enfans & particulièrement des Filles. Il n'y a guère de jours qui ne soient marqués par quelques nouveaux désastres. La frayeur qu'elle inspire empêche les Bucherons d'aller dans les Forêts, ce qui rend le bois fort rare & fort cher.

Ce n'est que depuis huit jours qu'on a pu parvenir à voir de près cet Animal redoutable. Il est beaucoup plus haut qu'un Loup : il est bas du devant, & ses pattes sont armées de griffes. Il a le poil rougeâtre ; la tête fort grosse, longue, & finissant en museau de Lévrier ; les oreilles pentes, droites comme des cornes ; le poitrail large & un peu gris ; le dos rayé de noir & une gueule énorme ; armée de dents si tranchantes, qu'il a séparé plusieurs têtes du corps, comme pourroit le faire un rasoir. Il a le pas assez lent, & il court en bondissant. Il est d'une agilité & d'une vitesse extrêmes : dans un intervalle de tems fort court on le voit à deux ou trois lieues de distance. Il se dresse sur ses pieds de derriere, & s'élance sur sa proie, qu'il attaque toujours au cou, par derriere, ou par le côté. Il craint les Bœufs, qui le mettent en fuite. L'allarme est universelle dans ce Canton ; on vient de faire des Prieres publiques ; on a rassemblé quatre cens Paysans pour donner la chasse à cet Animal féroce, mais on n'a pu encore l'atteindre.

Vû par moi Censeur pour la Police.
Vû l'Approbation, permis d'Imprimer à la charge d'enregistrement à la Chambre Syndicale, ce 24 Novembre 1764.
DE SARTINE.
Registré sur le Régistre N°. 16. de la Communauté les Libraires & Imprimeurs, page 197.

Se vend AUX ASSOCIÉS. Chez F.-G. Deschamps, Libraire, rue Saint-Jacques.

RELATION de la prise de la Bête féroce qui a fait de si cruels ravages dans les Provinces d'Auvergne, de Gévaudan & autres, & qui a été tuée dans les Bois de Pommiéres en Auvergne le 20 Septembre 1765.

NOUS sommes d'une joie inexprimable. M. Antoine Porte-Arquebuse de Sa Majesté a tué la Bête féroce du Gévaudan : je vous envoie l'extrait du procès-verbal & de la Lettre de M. De Balainvilliers Intendant d'Auvergne. M. Antoine étant averti que cette Bête faisoit des ravages dans les Bois de l'Abbaye Royale de Chazes en Auvergne, a envoyé des valets de limiers & les chiens de la Louveterie de Sa Majesté pour détourner cet Animal. On a fait dire à M. Antoine qu'elle étoit dans les réserves des Bois de Pommiéres : tout de suite cet Officier est parti du Besset où il étoit, qui est éloigné de trois lieues de ces Bois, & le vingt Septembre de grand matin il a fait fouiller le Bois par ses gardes & par 40 tireurs des habitans de Langeac & des villages voisins ; pour lui, il s'est placé dans un petit détroit au bout d'un sentier ; la Bête s'est présentée à lui à 50 pas de distance, & présentoit le côté droit & la tête : alors il lui a tiré un coup de sa canardiére qui étoit chargée de cinq coups de poudre, de 35 postes à loups, & d'une balle de calibre. Ce coup a renversé par terre cette furieuse Bête, lui a crevé l'œil ; & les postes l'ont frappée sur tout le côté droit & l'épaule. Quoique cet Animal ait été si fortement frappé, il s'est relevé, & a couru avec une telle promptitude sur lui, qu'il n'a pas eu le temps de charger sa canardiére : ce qui l'obligea d'appeller du secours. M. Rainhard Garde de Monseigneur le Duc d'Orléans est arrivé à temps, il a tiré sa carabine sur cette Bête qui l'a frappée par derriére. Ce coup l'a fait avancer vingt-cinq pas dans la plaine où elle est tombée morte.

Cette Bête a été reconnue par les personnes qu'elle avoit attaquées, & principalement par cette fille qui lui a donné un coup de bayonnette à l'épaule gauche. Cette Bête porte la marque de cette blessure.

M. Antoine De Beauterne accompagné d'un Garde l'a conduite à Clermont en chaise de poste à l'Intendance. On a fait l'ouverture de cette Bête en présence d'un grand nombre de personnes. Monsieur l'Intendant la fait empailler & embaumer, & M. Antoine le fils sera chargé de la faire conduire & de la présenter. Cet Animal a 32 pouces de hauteur, 5 pieds 7 pouces & demi de long, & 3 pieds de grosseur.

Les Chirurgiens qui la dissequent, disent que c'est plutôt une Hyène qu'un Loup, suivant la description qu'en fait M. De Buffon. Dès l'instant que cette Bête a été tuée, on a senti des exhalaisons très puantes, & l'on a trouvé dans son corps des os de moutons. Cet Animal a 40 dents, & les Loups n'en ont que 26, on en a même senti une de plus dans l'alvéole de la machoire supérieure du côté gauche. Les muscles du col de cette Bête sont très forts, & indiquent une force extraordinaire. Ses côtes sont disposées de façon qu'elle avoit la faculté de se plier de la tête à la queue : ses yeux étoient si étincelans de feu, qu'il n'étoit guere possible d'en soutenir le regard : sa queue est très grosse, large, épaisse & hérissée de poils noirs : ses pieds sont armés de griffes extrêmement fortes & singuliéres. Je ne puis vous en donner un plus grand détail pour le moment, par l'empressement que j'ai de vous apprendre que nous sommes délivrés de ce fléau qui jettoit l'alarme par toutes nos Provinces. J'oubliois de vous dire que l'effort du coup de la canardiére a fait reculer de deux pas M. Antoine. *Ce 28 Septembre.*

Lu & approuvé le 2 Octobre 1765. MARIN. *Perm. d'imp. & dist. ce 2 Oct.* DE SARTINE.
De l'Imprimerie de Cl. HÉRISSANT, rue Notre-Dame, à la Croix d'or.

DESCRIPTION DE L'HIENE.

Cet Animal a, depuis le bout du nez, jusqu'au sommet de la tête, un pied; du sommet de la tête jusqu'à la naissance de la queue 4 pieds, et la queue a 16 pouces de longueur. Sa mâchoire supérieure est armée de 18 dents, et sa mâchoire inférieure de 22 : les crochets ou défenses ont de longueur 1 pouce et 1 quart; les oreilles ont 5 pouces de hauteur, et 3 de largeur; les yeux ont 2 pouces d'un angle à l'autre. La Bête a reçu le coup dans l'œil droit. la canardière était chargée de 5 coups de poudre, de 35 postes à loup, et d'une balle de calibre. la balle a pénétré jusqu'à la moelle, les postes l'ont frappée sur tout le côté droit et l'épaule. On lui a reconnu dans le poitrail un coup d'un instrument tranchant, ce qui, joint au témoignage de nombre de personnes qui en avaient été attaqués ou blessés, a conclu que c'était l'Animal qui y avoit fait tant de dégât.

Précis Historique

des ravages de la Bête féroce qui
a désolé si longtemps le Gévaudan et
l'Auvergne, des chasses et Battües qui
ont été faites, et des divers moiens qu'on
a tenté pour la détruire depuis son
apparition au mois de Juin 1764, jusqu'à sa prise par M. Antoine Lieuten.t
des Chasses et Port'arquebuze de S. M.
le 20 Septembre 1765.

Une curiosité particuliere m'a porté à rassembler avec soin
tout ce que les Papiers publics Journaux et autres écrits ont dit de plus constant
et de mieux avéré sur la Bête féroce du Gévaudan. J'ai fait plus : j'ai
trouvé moien de me procurer non seulement la Suite entiere de
la correspondance de M. d'Enneval envoié d'abord par le Roi
pour donner la chasse à cet animal, avec une personne en
place qui l'avoit prié de l'instruire de ses operations ; mais
encores quelques autres lettres écrites soit à moi soit à d'autres
par des gens de bon sens du pais même, ou qui se trouvoient
alors sur les lieux ; ces differentes lettres comparées avec la
Gazette d'Avignon qui a donné, pour ainsi dire, un Journal
suivi des exploits meurtriers de la Bête du Gévaudan et
des chasses qu'on a faites pour la détruire, m'ont mis à portée
de discuter et d'éxaminer la plupart des faits, et je me suis
convaincu que cette Gazette dont la véracité n'est pas

trop bien établie dans l'esprit de beaucoup de gens mérite au moins d'être criée sur cet article. c'est avec le secours de ces divers matériaux rassemblés de tous côtés que je donne aujourd'hui au Public le Précis Historique des ravages de cette Bête fameuse regardée d'abord par les uns comme une Hiène, par d'autres comme un monstre provenu d'un Ours et d'une Louve, et dont la mort a enfin tranché tous les doutes sur son espèce, en faisant voir que ce n'étoit autrechose qu'un vrai Loup carnassier d'une taille plus qu'ordinaire. On y trouvera aussi un détail abregé de toutes les mesures qu'on a prises pour s'en défaire, et des Chasses et Battües multipliées qui ont été faites dans cette vüe depuis son apparition jusqu'à sa prise par M. Antoine. Je ne donnerai pour vrais que les faits qui m'ont paru suffisamment prouvés; ceux qui n'ont pas le même degré de certitude seront donnés pour ce qu'ils sont.

On sçait qu'il n'est point rare de voir des Loups anthropophages, et l'on a remarqué que ces sortes d'animaux paroissoient plus ordinairement à la suite des guerres. Les Loups qui habitent les forêts voisines des lieux où séjournent les armées trouvant de fréquentes occasions de se repaître de cadavres humains s'accoutument à cette proye, et lorsqu'ensuite par la cessation de la guerre elle vient à leur manquer, ils la déclarent eux-mêmes au genre humain pour se la procurer. Indépendamment de cette cause de la férocité des loups, il est certain que la faim seule, ou une inclination particulière suffisent quelquefois pour les rendre carnassiers. Il n'y a donc rien d'extraordinaire dans les ravages du loup qui a infesté le Gévaudan et l'Auvergne si ce n'est leur durée, et la longue impunité dont il a joui. Voilà ce qui doit étonner

J'avois alors le projet de faire imprimer ce Précis, projet qui n'a point eu d'éxécution. -/

tout le monde, et a qui tient presque du merveilleux. a peine
peut-on croire qu'un loup seul ait été pendant plus d'un an l'effroi
de deux Provinces au point de mériter une attention sérieuse
de la part du Gouvernement; que pendant si longtemps il
ait échappé à tant de Battues générales composées de plusieurs milliers de Paisans, conduites par les chasseurs les plus
expérimentés, exécutées avec toute l'ardeur que devoit inspirer
aux Paisans l'appas d'une récompense considérable attachée à sa destruction,
(car la tête de bien des Proscrits d'importance n'a pas été mise à un plus haut
prix que la sienne) et aux gens d'un certain ordre l'amour
du bien public, et la gloire de purger le païs de ce fléau,
Sans parler d'autres chasses particulières Sans nombre, et des
efforts réünis de quantité de Chasseurs non Seulement du
païs, mais accourus des Provinces voisines pour s'exercer à
Sa poursuite.

Ce fut au mois de Juin de l'année dernière que cette Bête
redoutable commença ses ravages dans la Forêt de Mercoire
et les environs de Langogne petite ville du Gévaudan vers les
Sources de l'Allier suivant une lettre de Mr. Breuguière
Curé de cette ville qu'il m'a écrite ——————— le 28 avril
dernier, en réponse à celle que je lui avois adressée pour lui
demander quelques informations à ce Sujet. C'est aussi l'époque que la Gazette d'Avignon du 23. 9bre 1764 fixe à Son
apparition. Elle séjourna 3 ou 4 mois dans les environs de
Langogne, dit cette lettre, et y dévora 7 enfans, parcourut
ensuite plusieurs Paroisses voisines, ou elle égorgea encore
nombre des personnes, après quoi elle se fixa du côté de S.
Alban et y continua ses carnages. Une lettre de Marvéjols

4

inseré dans la Gazette de France du 23 9bre. La première
qui en ait fait mention faisoit le portrait suivant de cette
Bête qu'on n'étoit, dit-on, parvenu à voir de près que ne
depuis 8 jours.

» Cet animal est beaucoup plus fort qu'un loup; bas du devant.
» Ses pattes sont armées de griffes, il a le poil rougeâtre, la tête
» fort grosse, longue, et finissant en museau de lévrier; les oreilles
» petites, droites côe des cornes; le poitrail large et un peu gris;
» le dos rayé de noir; une gueule énorme armée de dents si tran-
» -chantes qu'il a séparé plusieurs têtes du corps côe pourroit le faire
» un rasoir. il a le pas assés lent et court en bondissant; il est
» d'une agilité et d'une vitesse surprenante; dans un intervale de
» temps fort court on le voit à deux ou trois lieües de distance. il
» s'approche de sa proye ventre à terre, et en rampant, et ne paroît
» pas alors plus grand qu'un gros renard; à une ou deux toises de
» distance il se dresse sur ses pieds de derriere, et s'élance sur sa proye qu'il prend toujours par
», derriere, ou par les côtés. Il craint les boeufs qui le mettent en fuite.

Telle est la première description que l'on fit de cet animal d'a-
près le rapport de gens qui prétendoient l'avoir vu de près.
D'autres à qui il falloit que la peur eût furieusement grossi les
objets l'ayant jugé de la grosseur d'un veau dans en a vu une
tête d'un pied de large, un poitrail qui ne le cédoit point en largeur à celui d'un cheval, et un poil excessivement fourré. Outre
cette figure si extraordinaire on lui attribuoit un rugissement
particulier tout-à-fait différent du hurlement du loup, à qui
d'ailleurs cette description convenoit si peu que beaucoup de gens
de bon sens, ne sçachant dans quelle classe le ranger, admirent
d'abord que c'étoit une Hiène. mais comme il étoit difficile de

La faire arriver d'Afrique en Gévaudan, ils écartoient les difficultés en disant les uns qu'elle s'étoit échappée de la Ménagerie du Roi de Sardaigne, les autres à un conducteur qui la menoit à la Foire de Beaucaire. ces deux opinions s'évanoüirent bientôt, la première lorsqu'on se fut assuré qu'il n'y avoit point de Ménagerie à Turin, et la seconde en réfléchissant qu'il n'étoit pas possible que cette prétendue Hiène eut débarqué dans un Port de la Méditerranée sans que ce débarquement fut connu et constaté. Il fallut dès lors s'arrêter à quelque idée plus vraysemblable, et l'on crut l'avoir trouvée en disant que c'étoit un Monstre provenu d'un Ours et d'une Louve.

Les ravages de cette Bête furieuse devenus plus fréquens vers le mois d'octobre répandirent une consternation générale dans tout les païs des environs de Langogne, de la Forêt de Mer-coire et de Mende capitale du Gévaudan. au 1 9bre elle avoit déjà dévoré plus de 20 personnes presque tous enfans, et sur-tout jeunes filles. cette consternation interrompoit les travaux de la campagne, et la frayeur empêchant les Bûcherons d'aller dans les Forêts le Bois étoit devenu fort rare et fort cher.

M. Duhamel Capitaine Aidemajor des Volontaires de Clermont commandant quatre compagnies de ce corps à Langogne fut d'abord détaché à sa poursuite par ordre de la Cour avec 50 Dragons auxquels il joignit environ 120 Païsans, tandis que d'un autre côté l'Evêque de Mende non content d'implorer le secours du ciel par des Prieres Publiques

6

soudoia un bon nombre de Paisans pour lui donner la chasse;
mais ni le zèle et la bonne volonté de M. Duhamel, ni la
sollicitude Pastorale de M. l'Evêq. de Mende ne produisirent
aucun effet. Les soins de M. le Marquis de Morangiés Seig.r
de cette Province qui sensible aux allarmes des malheureux
habitans de la campagne rassembla dans le même temps 400
Paisans de ses terres pour tâcher de détruire ce redoutable en-
-nemi n'eurent pas un succès plus heureux. Pendant plus de
six semaines que M. Duhamel passa à la poursuite sans
relâche, il y eut une seule occasion dans le mois de Xbre
où il toucha au moment de remporter le glorieux avantage
de la défaite. Il avoit heureusement mieux d'investir la Bête dans

un Bosquet avec son détachement. Ses Dragons à pied et à
cheval étoient postés de façon que de quelque côté qu'elle débus-
-quât elle ne pouvoit se montrer sans essuier plusieurs coups
de fusil. Dans cette position quelques uns des Batteurs qui
fouilloient le Bois aiant crié v. La Bête cet officier em-
-porté par son ardeur, courut malheureusement avec quelques
dragons à un endroit où il crut qu'elle alloit passer, et dans ce
moment même elle sortit par celui qu'il venoit de dégarnir. On
prétend que deux Dragons à cheval devant qui elle passa
après lui avoir inutilement tiré leurs pistolets la poursui-
-virent à toute bride pendant asser longtemps le sabre à la
main, les chevaux lui tenant pied et faisant toujours à trois
ou quatre pas devant eux, de façon qu'ils croioient à tout
moment pouvoir la sabrer, mais une muraille se'tant trouvée
sur son chemin, elle la franchit dans sa course, quoique de beaucoup

trop hautes pour que les chevaux puissent les franchir de même.

On n'a point dit dans les Papiers publics le lieu de cette Scène.

Les deux Dragons qui l'avoient vüe et poursuivie de si près
La dépeignirent " grande cõe les plus gros chiens de Parc, fort
» velüe, de couleur brune, le ventre fauve, la tête fort grosse
» avec deux dents très longues qui lui sortoient des deux côtés de
» la gueule, les oreilles courtes et droites, et la queue fort ramée
» qu'elle dressoit beaucoup en courant.

Lettre écrite
de Mantejols
du 26 Janvier et
inseré dans
l'Année Littér.
3.

Vers le mois de Novembre les Syndics des Diocèses de Mende
et de Viviers firent publier chacun une récompense de 200ᵗ pour
quiconque délivreroit le païs de ce fléau et peu de temps après
les Etats de Languedoc par une délibération particulière en
accordèrent une de 2000ᵗ.

Ces récompenses étoient d'autant plus nécessaires qu'il falloit
relever le courage abbattu de la pluspart des Païsans. Les ra-
-vages journaliers de la Bête féroce malgré tant de chasses déjà
faites pour la détruire; cinq ou six rencontres vraies ou fausses
où l'on prétendoit qu'elle avoit été tirée à bout portant sans res-
-sentir aucun mal : il n'en falloit pas davantage pour leur persuader
qu'elle charmoit les armes à feu, et qu'elle étoit impénétrable
aux bales, ce qui est parmi cette sorte gens un des principaux
attributs de la Sorcellerie; en conséquence ils décidèrent que la
Bête étoit un sorcier. D'après cette idée ils voioient avec une
espèce d'indifférence toutes les mesures qu'on prenoit pour sa
destruction, et cõe dans leur Système les sorciers quoiqu'ils ne
même Lettre.
-n'avoient rien à craindre des armes à feu n'ont point de caractère
qui puisse les garantir des armes tranchantes, ils avoient totalement
tenüe aux premières, et se contentoient pour leur sûreté de

porter des Bâtons ferrés ou des instrumens appellés dans le païs
Paradou dont on se sert pour faire des sabots.

Dans le courant de 9bre suivt les nouvelles publiques la Bête
étoit cantonnée entre Mende et Marvejols ou elle continuoit
ses carnages, et elle y avoit fait périr 8 personnes, le 25 elle
égorgea encores une jeune fille de la Psse d'aumont. Depuis
ce jour il se passa près d'un mois sans qu'on entendit parler —
d'aucun meurtre de sa part. Une inaction si longue sembloit
annoncer qu'elle s'étoit éloignée du Gévaudan, et l'on commençoit
à goûter la joie de cette espérance lorsque l'on apprit à Mende
le 22 Xbre que ses hostilités contre le genre humain venoient
de recommencer par la mort d'une jeune fille de 14 ans dévorée
la veille dans une Psse de ce Diocèse appellée le Faw du Pape.
Et cette nouvelle les Dragons volontaires de Clermont se rendi-
-rent sur le lieu, et gardèrent le corps à vüe pendant la nuit
sur ce qu'ils avoient entendu dire qu'elle ne manquoit pas de re-
-venir aux cadavres 24 heures après pour en lecher le sang,
coutume d'ailleurs ordinaire aux Loups, Lorsque la pesanteur de
leur proie les empêche de l'emporter; mais elle n'y revint point
et cette précaution qu'on a souvent renouvellée a toujours été inutile.

Depuis cette première frayeur il s'est passé plusieurs fois des in-
-tervalles de 12 à 15 jours sans qu'on ait eu aucune nouvelle de
cet animal. Quelle étoit sa nourriture pendant tout ce temps?
A en croire les Païsans, il ne s'attaquoit point au Bétail. Loin
de faire la guerre aux moutons, ils l'ont vu plusieurs fois au mi-
-lieu des troupeaux bondir et gambader avec les agneaux et les
brebis; mais la plupart des gens sensés ne pensoient pas ainsi,
ils étoient persuadés du contraire, et que non seulement il dévoroit
le Bétail, mais même le menu gibier dont on s'appercevoit que les —

Cour. d'Avig. du 8 Janvier
même Courier
Cour. d'Avig. du 19 avril

Lettre de M. Cantois où il
Séjournoit &c.
de la Barthe
Gaz. An. Litt.
8e.

...Cantois où il Séjournoit &c beaucoup s'égarent. Quelques —
uns même ont prétendu que lorsque la chair humaine ou

Lettre de M.
l'abbé de Vienne
à M. Fréron
An. Litt. 5e

celle des animaux lui manquoit il se nourrissoit de la pointe
des Bleds.

Dans le mois de Janvier les courses de la Bête qui jusqu'alors ne
s'étoient point étendües au delà du Gévaudan et de la lisière
du Vivarais qui borne cette Province commencerent à se prolonger
dans l'Auvergne et le Roüergue, et jusques dans les environs de
S. Flour et de Rhodez, deux villes éloignées la première de 10
et la seconde de 17 lieües de Mende en sorte qu'elle occupoit un
contour de près de 40 lieües de pais.

Ce fut le 12 de ce mois que se passa l'aventure mémorable des
petit Portefaix. quoique cette aventure célébrée à l'ensi par
toutes les Gazettes, et même par un Poëme Héroïque en deux chants
ne soit ignorée de personne, le plan que ne sais fait, ne me per-
met pas de l'ometter.

Aventure
des Portefaix.

Gazette de
France

Cinq petits garçons du village de Villaret P.sse de Chanaleilles
dont les trois plus âgés avoient environ 12 ans, et les deux
autres 8 à 9 accompagnés de deux petites filles à peu près du même
âge gardoient du Bétail au haut d'une montagne; ils étoient
armés chacun d'un bâton garni d'une lame de fer pointüe de la
Longueur de 4 doigts. La Bête Féroce vint les Surprendre, et ne
fut apperçüe que lorsqu'elle fut tout près d'eux; ils se rassemblerent
au plus vite et se mirent en défense. La Bête les lorgna deux
ou trois fois et enfin s'élança Sur un des plus petits garçons.
Les trois plus grands fondirent Sur elle, et la picquerent à
plusieurs reprises Sans pouvoir lui percer la peau. Cependant
à force de la tourmenter ils lui firent lacher prise; elle se retira
à deux pas aprés avoir arraché une partie de la joüe droite

48

du petit garçon dont elle s'étoit saisie, et se mit à manger devant
eux ce lambeau de chair. bientôt après elle revint attaquer ces
enfans avec une nouvelle fureur, elle saisit par le bras le plus
petit de tous et l'emporta dans sa gueule; l'un d'eux épouvanté
proposa aux autres de s'enfuir pendant qu'elle dévoreroit celui qu'elle
venoit de prendre; mais le plus grand nommé Portefaix qui étoit à
la tête des autres leur cria qu'il falloit délivrer leur camarade ou
périr avec lui; ils se mirent donc à poursuivre la Bête et la
poussèrent dans un marais qui étoit à 50 pas, et où le terrein
étoit si mou qu'elle y enfonçoit jusqu'au ventre, ce qui retarda
sa course et donna à ces enfans le temps de la joindre. comme ils
s'étoient apperçus qu'ils ne pouvoient lui percer la peau avec
leurs espèces de piques, ils cherchèrent à la blesser à la tête et
surtout aux yeux; ils lui portèrent effectivement plusieurs coups dans
la gueule qu'elle avoit continuellement ouverte, mais ils ne purent
lui rencontrer les yeux. Pend.t le combat elle tenoit toujours le petit
garçon sous sa patte, mais elle n'eut pas le temps de le mordre
étant trop occupée à esquiver les coups qu'on lui portoit.
Enfin ces enfans la harcelèrent avec tant de constance et
d'intrépidité qu'ils lui firent lâcher prise une seconde fois, et
le petit garçon qu'elle avoit emporté n'eut d'autre mal qu'une
blessure au bras, et une légère égratignure au visage.
Comme la petite troupe ne cessoit de crier de toute sa force,
un homme accourut, et se mit à crier de son côté; la Bête
entendant ce nouvel ennemi se dressa sur ses deux pattes de
derrière, et aiant apperçu cet homme qui venoit à elle, prit
la fuite, et alla se jetter dans un ruisseau à une demie lieue
de là; trois hommes la virent s'y plonger, en sortir, et se
rouler ensuite quelque temps sur l'herbe.

Le Roi informé de l'action courageuse du petit Portefaix lui
accorda 400# de gratification, et 300# à partager entre ses ca-
-marades, et ce n'est que d'après les plus exactes informations que M.
l'Intend.t de Montpellier fit par son ordre sur la vérité du fait
qu'on ne peut raisonnablement révoquer en doute : car en sup-
-posant même que quelques circonstances aient pu être ajoûtées
ou exagérées par les enfans seuls acteurs et seuls témoins de ce
combat, le fonds de l'événement n'en sera pas moins incontestable
et on ne pourra s'empêcher de reconnoître dans cette aventure une
conduite et une intrépidité admirables de la part de ces enfans, et
une manoeuvre surprenante et très singulière de la part de la Bête.
Les espérances que le courage et l'intelligence prématurée du Portefaix
qui commanda les autres dans ce combat firent concevoir de ce qu'il
pourroit devenir un jour déterminèrent M. l'Intendant de Mont-
-pellier à le faire venir dans cette ville où l'on prend soin de son
éducation.

Cependant la désolation redoubloit de jour en jour, on n'enten-
-doit parler que de gens dévorés ou blessés par la Bête féroce. il
sembloit que la longue impunité dont elle joüissoit eût redoublé
son audace et sa cruauté. La culture des terres étoit interrompüe :
les gens de la campagne manquant de Pastres pour conduire leurs
troupeaux étoient obligés de consommer le Sec pour les nourrir
dans les étables. Eux mêmes n'ossoient sortir qu'en troupe ; les marchés
et les foires étoient presque désertes, et une partie du commerce
se trouvoit intercepté par les frayeurs des marchands forains
qui redoutoient la rencontre de ce dangereux animal. Dès les
premiers jours du mois il y avoit eu un Mandement de l'Evêque
de Mende pour ordonner des Prières publiques, et le S.t Sacrement
avoit été exposé dans la Cathédrale comme dans les plus grandes
calamités.

Les choses étoient en cet état lorsque le Roi toujours attentif au bien de Ses Sujets et touché des allarmes continuelles des Provinces de Gévaudan et d'Auvergne ajouta une récompense de 6000 # à celle de 2400 # déjà promise par les Etats de Languedoc et les Dioceses de Mende et de Viviers. D'un autre côté on se préparoit à des efforts plus grands que tous ceux qu'on avoit employés jusques là contre cette Bête formidable.

Gazette de France du

M.r Du Hamel Capitaine des Volontaires de Clermont que j'ai déjà nommé, M. L'Intend.t d'Auvergne, et M. de la Font Subdélégué et Syndic du Diocèse de Mende concertèrent une chasse générale dont le jour fut indiqué au 7 Février. au jour marqué 73 Paroisses du Gévaudan et 30 de l'Auvergne et du Rouergue commandées à cet effet et formant un corps d'environ 20000 chasseurs, conduits par les Subdélégués, les Consuls, et les notables habitans Se mirent en marche dès avant le jour. Selon l'ordre donné la Rivière de Truière qui coule du Midi au Nord devoit être le rendez-vous de tous les chasseurs sur la fin du jour, et l'on devoit S'y avancer en battant par ordre les uns toutes les Pièces qui Sont à l'Orient de cette Rivière, les autres toutes celles qui Sont au couchant, ensorte qu'elle Se trouvât toujours au milieu de cette vaste enceinte; la bête fut lancée par les chasseurs de la Paroisse de Prunières et passa à gué la Truière dont le bord opposé Se trouva malheureusement dégarni, quoique Selon les dispositions il dût être gardé par les chasseurs de la Pèce du Malzieu. Le Vicaire de Prunières et Dix de Ses Paroissiens Se distinguèrent en cette occasion par une ardeur peu commune en traversant la rivière en partie à la nage, malgré la rigueur de la Saison, et la chassèrent longtemps en Suivant Sa piste Sur la neige. à une heure après midi elle

fut rencontrée par 8 habitans du Malzieu dont l'un lui tira un
coup de fusil à balle forcée, qui, dit-on, la fit tomber sur ses deux
jambes de devant en jettant un grand cri, mais elle se releva, et
ils la poursuivirent en vain jusqu'à la nuit.

Le 10 il se fit une chasse de dixsept Paroisses où elle ne fut point
rencontrée. On exécuta le 11 une autre Chasse générale aussi nom-
-breuse que la premiere, et qui fut également infructueuse.

Le Roi informé du peu de Succès de ces chasses et des talens connus
de M. d'Enneval Gentilhomme des environs d'argentan en Normandie
pour la chasse du Loup donna une nouvelle preuve de Sa bonté compa-
-tissante en l'envoiant au Secours du Gévaudan et de l'Auvergne.

M. d'Enneval a blanchi quarante ans dans cet exercice utile et noble
qu'il a pratiqué continuellement dés Sa jeunesse. La Normandie
et quelques Provinces limitrophes lui doivent la destruction de plus
de 1200 Loups, et lui ont à cet égard des obligations réelles, que le
Gévaudan et l'Auvergne partageroient Sans doute aujourd'hui s'il en
avoit été aussi heureux qu'habile et expérimenté. À 60 ans passés
ce Gentilhomme conserve encore la vigueur de Son jeune âge et
une Santé à l'épreuve de tout, avantage qu'il doit autant à une
vie dure et toujours exercée qu'à la force de Sa constitution. À cet
âge on le vit encore le trait à la main conduire lui même et
suivre à jours entiers Son limier à travers les Bois; ceux qui
connoissent la chasse, Savent combien cet employ est pénible, et
que les gens les plus robustes y Suffisent à peine.

Il partit en poste dans les premiers jours de Février accompagné
de M. Son fils Capitaine d'Infanterie, d'un Piqueur et d'un valet
de limier, se faisant suivre à petites journées par six chiens de la

14

plus grande taille et d'une race excellente pour la chasse du loup.
il arriva à Clermont le 17 et se rendit à S.t Flour le 19. Suivant
une de ses lettres écrite de cette ville le 27 deux Païsans qui avoient
vu la Bête la lui dépeignirent " de la hauteur d'un veau d'un an
» fort allongée de tête et de corps, les oreilles courtes et droites, et rousse
» de partout excepté une raye brune sur le dos, la queüe fort longue
» et dont elle joüe comme un chat qui cherche à se jetter sur sa
proie " portrait moins chargé et plus raisonnable que les descrip-
-tions qu'on en avoit faites précédemment, et qui ressemble assez à
un loup vu par des gens préoccupés de l'idée d'un animal extraor-
-dinaire. —— Les premières nouvelles que M. d'Enneval en donna
après qu'il en eut eu connoissance annonçoient que son pied étoit
celui d'un loup à quelque différence près qu'il avoit remarquée dans celui de derrière.

Il pensoit avec bien des gens que ce pouvoit être un monstre provenu d'un
Ours et d'une Louve qui avoit pu venir pleine des montagnes du
haut Dauphiné ou de la Savoie dans les forêts du Gévaudan, et
y mettre bas; Et l'on ne doit point s'étonner qu'il ait eu quelques
doutes sur son espèce. Les procédés singuliers de cette Bête, la
prédilection qu'on lui attribuoit généralement pour la chair des
femmes, son intrépidité dans certains momens, sa timidité dans
d'autres (car souvent une baguette et même des cris seuls avoient
suffi pour la mettre en fuite;) enfin sa vitesse et sa légèreté
surprenante attestée par un chasseur très expert* qui assuroit
avoir mesuré sur la neige un de ses sauts de 28 pieds en païs
plat; Tout cela formoit un assemblage de préjugés qui ne permet-
-toient guères alors de croire que ce fut un vrai loup. Il écrivoit
dans la même lettre que cette Bête ne restoit point en place.

* M.r ce chasseur très expert est M. d'Enneval lui-même qui le dit positivem.t dans une lettre écrite de S.t Flour le 27 Février à M. de Fontaine Maître particulier des Eaux et Forêts d'Alençon.

travailloit continuellement dans une étendüe d'environ 10 lieües de pais, et n'avoit point de retraite connüe, ce qui la rendoit bien difficile à prendre; comme on avoit remarqué qu'elle passoit souvent à S. Chely et à La Garde pour traverser d'auvergne dans le Gévaudan en M. D'enneval jugea à propos de se fixer d'abord dans l'un de ces endroit et fit occuper l'autre par quelques uns des gens de sa suite.

La nouvelle récompense promise par le Roi, l'espérance d'acquérir une sorte de célébrité en délivrant cet ennemi public déjà connu de presque toute l'Europe par ses ravages, et si l'on veut chés quelques uns un motif plus noble, l'humanité et le desir d'être utile à ses concitoiens attiroient depuis quelque temps en Gévaudan un essain des chasseurs de toutes les Provinces voisines; du Languedoc, du Dauphiné, du Vivarais, du Comtat, et de la Provence. L'arrivée de M. d'enneval, le bruit de sa réputation, et la confiance qu'elle inspiroit pour les opérations qu'il alloit entamer en augmentèrent encore le nombre. Tel on vit autrefois dans les temps Héroïques le Sanglier d'Erimanthe intéresser à sa destruction l'élite rassemblée des chasseurs de la Grèce.

Si la Scéne du 12 Janvier (je veux dire le combat du Petit Portefaix et de ses camarades) a paru surprenante à tout le monde, celle du 14 Mars triomphe de la nature et de l'amour maternel a dû sans doute exciter dans toutes les âmes honnêtes et sensibles des sentimens bien plus vifs et bien plus piquans que ceux d'une froide admiration.

Histoire de la femme du Rouget

Courage de la femme du Rouget

Une Paisanne nommée Jeanne Chastan femme de Pierre Jouve demeurante au village du Rouget Pse de S. Alban étant vers le midi sur le bord de son jardin avec trois de ses enfans fut attaquée brusquement par la Bête féroce qui se jetta sur l'aîné âgé de 10 ans lequel tenoit entre ses bras le plus jeune encore à la mammelle. La mère effrayée pour ses enfans, mais sans craindre aucun péril pour elle

16

courut à leur secours et les arracher tour à tour de la gueule de cet
animal qui lorsqu'elle lui en ôtoit un se saisissoit de l'autre, elle les
lui avoit disputés de cette façon pendant plusieurs minutes, et avoit
reçu ainsi que ses enfans plusieurs coups de tête de l'animal qui
déchira et mit en lambeaux leurs vêtemens; lorsqu'enfin se voyant enlever
ses deux proies il se jette avec fureur sur le 3.e enfant âgé de six ans
dont il engloutit la tête dans sa gueule; sa courageuse mere accourt
pour les défendre; après bien des efforts inutiles elle monte à califourchon
sur le dos de la Bête; mais excedée de fatigue elle ne put s'y tenir
longtemps; pour dernière ressource elle chercha à le saisir par la
partie de son corps qu'elle jugea la plus sensible, mais les forces
lui manquant tout-à-fait elle fut obligée de quitter prise, et de
laisser son enfant à la mercy de ce furieux animal. Un Berger
l'apperçut en ce moment qui emportoit sa proye, et accourut avec
un bâton garni d'une lame de couteau dont il lui porta plusieurs
coups sans pouvoir lui faire aucun mal. La Bête sauta par dessus
un arbre et une haie de dix pieds de haut, tenant toujours l'enfant
dans sa gueule. Un mâtin de très grande taille qui accompagnoit
ce Berger la poursuivit, la joignit à 30 pas delà, et lui fit lâcher
sa proye, après quoi elle se retourna vers le chien, et l'enlevant d'un
coup de nez l'envoia tomber à quelques pas delà. L'enfant fut si griè-
-vement blessé qu'il ne survécut que 3 jours. Tel est le récit inséré
dans la Gazette de France du 1 Avril qui ajoûte que cette femme
âgée de 27 ou 28 ans est d'une complexion très foible et d'une
mauvaise santé, et qu'avant cette action elle jouissoit déjà de l'es-
-time publique par sa sagesse et ses bonnes moeurs.
Le courier d'Avignon du 8 de ce même mois raconte le fait avec
quelques différences dans les détails; on n'y lit point par exemple

que cette femme ait sauté à cheval sur le dos de la Bête; ni que
La Bête ait franchi ce terrier et cette haie de dix pieds avec l'enfant
dans sa gueule. Il dit qu'après avoir jetté l'enfant d'un coup de nez
hors du jardin par dessus un mur et une haie dont la hauteur
étoit de 3 ou 4 pieds en dedans et de 7 en dehors elle passa par
un trou qui se trouvoit au pied du mur et que dans cet instant
La femme se jetta sur elle et l'arrêta quelque temps par une patte
de derrière, mais que sa foiblesse lui fit bientôt lâcher prise.

Quoiqu'il en soit de ces circonstances qui ne touchent point au fait
principal : que Jeanne Chastan ait monté sur le dos de la Bête
ou qu'elle l'ait saisie par une jambe de derrière en passant par
ce trou, il n'en est pas moins vrai que cette respectable mère dont
on ne peut se peindre la situation sans attendrissement a deffendu
ses enfans avec un courage héroïque, et que son action digne de
tous les éloges mérite de passer avec son nom à la postérité, côme
un rare exemple du pouvoir de l'amour maternel dans un coeur
vertueux. aussi at-elle été ainsi que celle de Portefaix récompensé
par S. Majesté.

L'abondance des neiges dont la terre étoit couverte lorsque M.
d'Enneval arriva, l'empêcha de commencer ses poursuites aussitôt;
il emploia une partie du mois de Mars à s'orienter, et reconnoître
les lieux, et à faire ses dispositions pour une chasse générale.
Sur les représentations qu'il se vit obligé de faire à la Cour au
sujet de quelques courses particulières, et des chasses bruiantes et mal
concertées que faisoient journellement plusieurs Chasseurs, ainsi que
les Dragons des volontaires de Clermont, par lesquelles il craignoit
que la Bête ne fut totalement déplacée, il vint des défenses du
Roi à tous seigneurs de Paroisses, Gentilshommes, Chasseurs. &c
de la poursuivre sans un ordre précis de Sa part.

18

Le 19 il eut la première connoissance de la Bête; ses chiens la
suivirent et la chassèrent fort bien: la nuit obligea de les rompre, elle fut tirée ce jour là par un Paisan qui eût du la tuer,
mais la peur qu'il en eut fit qu'il la laissa trop éloigner avant
de la tirer, elle fut encores rencontrée et chassée inutilement le
22 depuis le matin jusqu'à Six heures du Soir.

Le 4 Avril elle fut détournée pour la première fois par son
Piqueur à S. Alban dans les Bois de M. le comte de Morangiés,
mais elle s'echappa encores sans être tirée. Suiv.t une de ses lettres
écrite de S Alban le 11 avril après avoir tenu quelque temps dans
ce Bois contre les chiens, elle en gagna un autre dou elle les renvoya l'un après l'autre en faisant de vives parties sur eux; un seul
la suivit qui ne se retrouva que le lendemain. ce même jour elle
dévora sur le Soir une fille de 13 ans. la veille elle avoit égorgé
un petit garçon de 10 à 12 ans dans la Psse de Fontans.

Le 21 il se fit une Chasse générale de 20 Paroisses ou elle fut
trouvée sous un rocher par un Batteur âgé de 18 ans armé
d'un vieux Sabre; il en fut si intimidé, disant qu'elle lui avoit
montré les dents qu'il cria au Secours; Son curé voisin de lui
accourut avec un pistolet, et Son approche la fit enfuir.

Le 22 elle attaqua un garçon d'environ 18 ans et une fille de 12
qui gardoient leurs Bestiaux ensemble. Ils se débattirent longtemps
contre elle, la petite fille se parant du garçon. A force de les
tourner elle sauta sur le garçon, le culbuta, le mordit au col,
à la joüe et au bras, tandis que la fille la harceloit par derrière avec un petit bâton mal ferré. à leurs cris accourut un paisan de leurs parens armé d'une hache dont il voulut frapper

La Bête, mais elle abandonna la partie et fut rejoindre une autre
Bête décidée Louve qui à son arrivée lui flaira la queue, et lui
lécha les lèvres. Ce fait est rapporté dans une lettre de ce Sr. nommé
du 27 avril où il dit le [...] de ces gens là même, et je le cite comme
un de ceux qui sert à prouver la Singularité des procédés de cette Bête.
il ajoûte que ce n'est pas de ce moment qu'il a remarqué qu'elle étoit
accompagnée d'une autre plus petite, qu'elle l'étoit encores la dernière fois
qu'il l'avoit chassé, et que dans une battue précédente Son Piqueur
les avoit vües de loin ensemble.

Le 23 on fit une Battue d'environ 12 Pièces où fut tuée une jeune
Louve pesant 40 à 45 ℔ seulement que des Païsans portèrent au Sub-
-délégué de Mende dans le dessein de la faire passer pour la Bête
qu'on chassoit. elle fut ouverte en Public, et l'on trouva dans ses
intestins des morceaux d'un Linge très grossier qui furent reconnus pour
être des Lambeaux du collet d'une chemise de femme, et deux d'une
étoffe rouge Semblable à celle dont on fait des Tabliers dans le païs,
outre quelques os de lièvre, et d'aigneaux et d'autres Si rongés qu'on ne
put les reconnoître. ces indices firent d'abord croire que ce pouvoit être
la Bête féroce; mais des chasseurs qui se trouvèrent à l'ouverture du
cadavre assurant qu'il étoit assez ordinaire de trouver dans les entrailles
des Loups des morceaux d'étoffe, de Linge, de cuir et de cordes. d'autres
Soupçonnèrent les Païsans de lui avoir introduit ces chiffons dans le
corps avec une baguette afin d'en imposer et de se faire adjuger
la récompense promise, mais leurs espérances furent trompées, et ils
ne reçurent que celle qu'on a coutume de donner à celui qui tue
un Loup.

Le 30 il y eut une chasse générale de plus de 40 Païs qui partant
en ordre les plus éloignés avant les autres, Se rejoignant ensemble

20

et Se rabattant Sur une Ligne de tireurs enveloppèrent un circuit
de plus de dix Lieües de païs, elle fut exécutée avec toute L'exactitude
possible par les Païsans, malgré la pluie et la neige qui ne cessèrent
de tomber ce jour là; mais la Bête ne fut point vûe.

Le 1 Mai elle fut détournée dans les Bois des Rochers de Pruni-
-eres, mais on n'eut pas le temps de les faire entourer par les
Tireurs. M. d'Enneval y lâcha 3 chiens qui la Suivirent quel-
-que temps, voiant ensuite qu'elle gagnoit les montagnes il fut
obligé de les rompre. Ce même jour Sur le Soir le S. Hastel
Seig.r de la Chaumette proche S. Alban où il habite avec deux
freres vit de Sa fenêtre dans un prado à 250 pas de Sa maison
un animal qu'il jugea être la Bête féroce, assis Sur le derriere
et paroissant regarder fixement un jeune Bouger de 18 ans qui
gardoit des Bêtes à cornes. Et à l'instant en aiant averti Ses deux
freres, ils S'armèrent tous trois et Sortirent pour aller à elle:
deux furent S'embusquer Sur une hauteur vis à vis du pâturage,
et le 3e marchant droit à elle la poussa vers le Lieu de l'embus-
-cade, ce qui réussit à Souhait. M. de la Chaumette l'ainé la
tira en flanc à 52 pas de distance avec une charge de trois de
baler; elle tomba Sous le coup et Se roula deux ou trois fois Sur,
ce qui donna le temps au cadet de S'approcher et de la tirer à
6 à pas avec un lingot; elle tomba pour la Seconde fois, et S'é-
-tant relevée elle S'enfuit brusquement en perdant beaucoup de
Sang, et entra dans un Bois très fourré et d'une vaste étendüe où
ces Messieurs la Suivirent et la cherchèrent inutilement jusqu'à
la nuit. M. d'Enneval qu'ils firent avertir aussitôt de cette ren-
-contre S'y transporta le lendemain dès la pointe du jour, et s'étant
fait conduire à l'endroit où elle avoit été tirée, après avoir jugé

43

Lettre de M. d'Enneval écrite de S. alban le 3 Mai.

au pied que c'étoit celle qu'il chassoit prit un de ses meilleures limiers à la botte, qui la lui donna aussitôt; il la suivit toute la journée à travers bois et montagnes, malgré la neige et la pluie qui ne discontinuèrent point ce jour là, et trouva effectivement du sang à dix endroits différens aux uns plus, aux autres moins, mais ne s'étant point apperçu que les branches dans les sourcés du bois où elle avoit passé en fussent teintes, il jugea qu'elle ne devoit avoir été blessée que sous la gorge ou le poitrail.

M. de la Chaumette hédié grand chasseur qui a vu et tué une grande quantité de loups assuroit que cet animal n'avoit qu'une ressemblance très imparfaite avec eux. Selon son rapport il étoit plus gros qu'un veau d'un an, fort du devant et herretté sur les derrières, avec un museau pointu et allongé, les oreilles droites et plus petites que celles du loup, la gueule béante et fort grande, et une raye noire le long du dos jusqu'à la naissance de la queue. ce portrait en un mot étoit semblable à celui que M. Antlarnal en avoit déjà donné. On ne douta point en effet que ce ne fût la Bête féroce, et l'on espéra qu'elle mourroit de ses blessures. Cependant dès le lendemain une fille d'environ 4 ans fut dévorée dans la Pse de Seulinejolre. ce nouvel évènement fit bientôt succéder la terreur et le découragement à l'espérance qu'on avoit conçue. De quelque façon qu'on voulut l'expliquer c'étoit toujours même sujet de crainte, et d'allarmes; Et bien plus en admettant côd il paroissoit certain, que la Bête blessée la veille si grièvement étoit celle qu'on avoit déjà tant poursuivie, on ne pouvoit guères lui imputer ce dernier meurtre, il falloit donc le mettre sur le compte de quelqu'autre de même espèce, et alors on avoit plus à craindre que jamais; puisque cette autre pourroit encore n'être pas la seule qui restât à combattre. L'idée la plus consolante étoit donc de supposer que M. M.

de la chaumette s'étoient trompés, et n'avoient tiré qu'un loup ordinaire comme la suite semble l'avoir prouvé.

Le succés malheureux de toutes les chasses et battües faites jus- qu'alors détermina M. d'Enneval à tenter un nouveau moien pour venir à bout de cette cruelle Bête, ce fut d'empoisonner de poison les cadavres de ceux qu'elle égorgeoit d'ordinaire dans l'espérance qu'elle reviendroit à sa proye; il en fit l'essay sur cette fille de la Paroisse de Ventuejols tuée le 2 May, mais cet expédient auquel il a eu recours plusieurs fois n'a jamais réüssi.

Malgré les signes funestes que la Bête venoit de donner de son existence, on étoit si persuadé dans le pais que c'étoit elle qui avoit été blessée le 1 Mai, et qu'elle devoit périr de ses blessures que M. de la Font subdélégué de Mende mit sur pied quantité de Païsans pendant plusieurs jours pour la chercher. Cependant M. d'Enneval dont le zèle et l'activité ne se rebutoient point rien continuoit pas moins ses poursuites. le 6 il y eut chasse générale ou elle fut tirée deux fois l'une par un Païsan à 20 pas, l'autre à 15 par M. de la Fayette Gentilhomme d'auvergne qui étoit à cheval et la tira arrêtée, mais elle fut manquée de ces deux coups, après quoi les chiens l'atteignirent et la mordirent à plusieurs reprises au vu de maints chasseurs. le grand vent et le mauvais temps furent ensuite cause qu'on perdit la chasse et les chiens ne revinrent que le lendemain matin dont l'un avoit trois croes à son collier. Suivant une lettre de M. d'Enneval du 18 dont j'ai tiré ce détail, il croiroit qu'elle avoit été blessée dans cette rencontre, et en effet tirée à 15 pas de distance elle auroit du

l'être; mais le Gazettier d'Avignon (vier. du 18. May dit que M.
de La Fayette quoique bon Citoyen avouoit L'avoir manquée. Il est
vrai encore que La même Gazette du 21 May dit qu'on avoit douté
depuis que ce fut elle qui eut été chassée ce jour là; mais ce doute
ne fait pas preuve contre la Lettre de M. d'Enneval.

Quoiqu'il en Soit, il est certain que depuis le 6 si c'étoit elle en effet
qu'on chassa dans cette journée, et depuis le 2 Si ce n'étoit pas elle
jusqu'au 19 du mois non Seulement elle n'attaqua personne, mais
qu'on n'en eut aucune connaissance malgré trois battues qui Se firent
pendant cet intervale Sans compter celle du 6, et notamment une de
40 Paroisses le 16 où fut tué une Louve et Ses 8 Louveteaux. On
avoit donc lieu de Se flatter qu'elle Seroit morte dans quelque ravin
des coups qu'elle avoit reçus, et M. d'Enneval lui même commençoit
à Se le persuader. Vaine espérance: le 20 on luy fit le rapport d'une
fille des près de 50 ans égorgée la veille dans les Bois de Sentilanges
Près de Sentuejols où elle en avoit déjà tué une le 2. Il parsemoit lui
les champs pour empoisonner les cadavres, ce qui, dit il dans une de ses
Lettres, auroit pu réussir Si les Païsans en trop grand nombre ne Setoient
mis à l'affut dans des loges pour les garder pendant la nuit. Cette
fille avoit eu la tête emportée Si loin qu'on ne la retrouva point, une
épaule avec le bras enlevée et rongée, ainsi que tout le haut de la poi-
-trine, ce que je remarque pour faire voir que cette Bête ne Se conten-
-toit pas comme on l'a dit et répété dans plusieurs écrits de Sucer le
Sang, manger les tetons, le coeurs et le foye de Ses victimes. Il est vrai
Seulement que cela lui est arrivé plusieurs fois; mais Souvent aussi
elle a dévoré indifféremment toutes les parties charnües, et mutilé
entièrement les cadavres. Il en est de même des têtes qu'elle coupoit
d'isoloir, net comme un rasoir. Mais tel est en général le goût des

hommes pour le merveilleux que pour peu qu'un fait soit hors du
commun, on se plaît à le surcharger de circonstances encore plus
extraordinaires.

Le 24 lendemain d'une battüe elle dévora deux jeunes filles l'une
de 18 ans, l'autre de 12, et en attaqua le même jour une 3.e qui en
auroit eu un pareil sort si un petit garçon de 12 ans ne l'eût défendüe
avec une bayonnette dont on prétend qu'il piqua si bien la Bête qu'il
la rougit de son sang. Le 28 autre Battüe. Le 3 Juin il se fit une
chasse générale où l'on n'eut aucune connoissance. Du 3 au 16 plu-
-sieurs autres Battües.

Lettre de
M. d'Enneval écrit
de Paladine
le 16 Juin.

Le 16 chasse générale où la Bête fut mise debout et s'achemina
droit aux Tireurs; mais bientôt elle rebroussa chemin, et fut se
relaisser dans un petit champ de bled. Deux paisans qui par hazard
entrerent dans ce bled la firent relever, et ne la reconnurent que
quand elle en fut sortie. On envoia avertir M. d'Enneval qui se
trouvoit alors à une grande liüe delà. en y venant, il apprit chemin
faisant qu'elle s'étoit jettée sur une petite fille qui gardoit des Bœufs
dans la Paroisse de Julianges, mais qu'heureusement pour elle ces Bœufs
étoient venus la dégager; elle se jetta aussi le même jour sur une
chèvre qu'elle blessa, et qui en mourut. On la poursuivit une
partie de la journée, mais sans pouvoir la joindre. Le 21 elle dévora
un garçon de 14 ans et une fille de 15 ans sur la Paroisse de Venteuejols.
non contente de ces deux meurtres elle enleva encore dans une Paroisse
voisine une petite fille de 10 ans qu'elle porta fort loin, mais qu'on lui
fit abandonner, et dont les blessures ne furent pas mortelles.

Il est aisé d'imaginer quelle devoit être alors dans ce païs là douloureuse
situation des habitans de la campagne. après plus de quarante chasses
générales de 10, 20, 30, 40, et jusqu'à 100 têtes exécutées depuis six
mois outre quantité d'autres Battües particulieres qui avoient toujours

échoüés malgré le zèle avec lequel il s'y étoient portés, malgré l'expéri-
-ence et l'habileté de Mr. d'Enneval; la fin de leurs maux leur
paroissoit plus éloignée que jamais. Tant de vains efforts, tant
de fatigues perdües, avoient enfin épuisé leur constance, et ils étoient
totalement rebutés et découragés. Les chasseurs étrangers lassés et
dégoûtés d'une chasse si pénible et si infructueuse y avoient aussi
renoncé, et s'en étoient pour la plus part retournés chez eux.

C'est dans ces circonstances que le Roi touché de la continuité de
leurs maux se détermina à envoier en Gévaudan Mr. Antoine
Chevalier de l'ordre Mil. de S. Louis Lieutenant de ses chasses et
Son Port'arquebuze avec un détachement de chasseurs choisi par-
-my les Garde-chasses de ses Capitaineries de Versailles et de
S. Germain en Laye et les Chiens de la Louveterie. Cet officier
qui quoiqu'âgé de 70 ans n'en conserve pas moins un goût très vif
pour la chasse & surtout un talent décidé pour celle du Loup, et
s'entend parfaitement à diriger les Battües. Il a eu longtemps
une race excellente de Lévriers propres à cette chasse qu'il a perdüe
et qui malheureusement n'existe plus que dans un Tableau où
S.M. les fit peindre avec un très grand Loup qu'ils prirent il y
a quelques années, et dont elle lui donna une copie. Mrs. les -
Ducs d'Orléans et de Penthièvre, et le P. de Condé par une -
attention vraiement digne de leur Sang s'empressèrent de seconder
les vües du Roy en joignant l'élite de leurs Gardes à ceux de S.M.

Mr. Antoine accompagné de Mr. Son fils Capitaine de Cavalerie
et de 16 tant Gardes-chasses, que Valets de Limier du Roi et des
Princes avec 8 chiens de la Louveterie, partit en poste de Versailles
avec toute cette Suite, et étant arrivé à Saugues en Gévaudan le
22 Juin se trouva le lendemain à une chasse générale que Mr.
d'Enneval avoit concerté pour ce jour là; après laquelle ils se sépa-
-rerent, le premier retournant à Saugues avec les Gardes-chasse

et M.^r d'Enneval au Malzieu où il se tenoit depuis quelque temps.
par cette double position ces Messieurs mettoient entre eux tout le
terrain qui est entre ces deux villes éloignées de trois lieües l'une de
l'autre, canton que la Bête parcouroit le plus ordinairement, et se
trouvoient à portée de se seconder mutuellement dans l'occasion, et
de commander à propos les Postes. Les Gardes furent dispersés dans
plusieurs villages des alentours afin de mieux éclairer les démarches de
la Bête, d'être en état aussitôt qu'elle se montreroit d'investir
avec les habitans du lieu le terrein où on l'auroit vüe, et d'en informer
Mrs Antoine et d'Enneval.

Dix à Douze jours se passerent depuis l'arrivée de M. Antoine
sans que la Bête commit aucun ravage et même sans qu'on en
eut de nouvelles quoique de concert avec M. d'Enneval il ne négligeât
rien pour la poursuivre; non seulement il faisoit faire tous les jours
des battües plus ou moins nombreuses, postant même pendant la
nuit des tireurs à l'affût dans les Bois, mais il tâchoit de réveiller
l'émulation et l'ardeur parmi les Paisans en les exerçant à tirer au
blanc, et en donnant une récompense à celui qui approchoit le plus
près du but; enfin il encourageoit tous les Chasseurs par la promesse
de conduire et présenter lui même au Roi celui qui tüeroit la Bête;
Du reste M. Antoine ne doutoit point que ce ne fût un vrai loup
ainsi que le pensoient déjà depuis longtemps la plupart des gens
sensés du païs,* y en avoit plusieurs de cette espèce meurtrière à détruire.

[*] il étoit même persuadé que ce loup n'étoit pas seul, et qu'il
[*] c'est ainsi qu'il s'en expliqua dans ses premières lettres.

Cour. d'Avig. rie. La Bête reparut le 2 Juillet : on prétend que ce jour elle attaqua
le courier du Malzieu à Mende, s'élançant sur son cheval à qui
elle fit deux blessures sur la croupe, et que le Courier qui se défendit
avec un bâton garni d'une lame de fer dont il s'étoit muni par
précaution échappa à ce danger sans recevoir aucun mal.

Le 4 elle égorgea une vieille femme de plus de 60 ans Près de sorciers en auvergne. le 7 et le 8 il y eut deux chasses générales qui réussirent d'autre succès que de convaincre tout le monde du zèle et de l'habileté de M. M. antoine et d'Ennesal.

Le 18 ce dernier partit du Malzieu, rappellé en normandie soit par ses affaires domestiques soit par des raisons particulières que j'ignore.

Vers le commencement d'avril le Comte de Tournou Gentilhomme du Haut Vivarais vint joindre M. antoine avec un équipage de chasse composé de 25 chiens deux Piqueurs et deux Valets de chiens le tout à ses dépens, pour seconder ses efforts et participer, s'il se pouvoit à la gloire d'exterminer ce redoutable ennemi de l'espèce humaine, gloire dont le prix augmentoit tous les jours en proportion des peines et des travaux infinis qu'elle coûtoit.

Le 3 de ce mois la Bête féroce enleva au lieu de Sextières dans les environs de Saugues un enfant de 10 ans qui se trouvoit au milieu de Soupière, de Sa mere, et d'une Sœur de 20 ans, le porta plus de 600 pas en montant, et lui fit, dit-on, Sauter 5 murailles de 4 à 5 pieds de haut. cet enfant fut heureusement secouru à temps, et on lui Sauva la vie quoiqu'il eût 3 blessures à la tête 5 aux épaules, et une joüe fendüe de haut en bas.

Le 9 La Bête fut détournée dans les Bois de Sextières; on la fit attaquer par les chiens du Comte de Tournou; mais comme il ne se trouva qu'une 20ne de Tireurs pour entourer le Bois, elle débusqua Sans être tirée.

Le 11 on fit trois grandes Battües en différens endroits dont l'une étoit commandée par M. M. antoine pere et fils, l'autre par M. de La Fond frere du Subdélégué de Mende, et la 3e par le Cte de Tournou. ce même jour une fille de 19 à 20 ans Servante du Curé de Paulhac passant avec Sa Sœur dans un Sentier étroit et bordé de haies des deux côtés apperçut en Se détournant la Bête

28.

prêts à s'élancer sur elle; elle avoit heureusement un bâton
garni d'une lame de demi-pied de long sur un pouce et demi de
large, arme devenuë commune à tout le monde dans ces quartiers.
avec ce bâton elle tint la Bête en respect, et au moment d'un
élancement qu'elle fit pour la saisir elle lui porta un coup dans
le poitrail qui la fit reculer et quitter le combat, après quoi
elle fut se couler dans un ruisseau tout près delà, et s'éloigna.
M. antoine et le Comte de Tournon avertis de ce qui venoit de
se passer se transportèrent sur le lieu; ils virent la bayon-
-nette ensanglantée et reconnurent au pied de la Bête qui
étoit celui d'un grand Loup, que c'étoit celle qu'on chassoit. M.
antoine fit prêter serment à cette fille sur la vérité du fait
et en fit dresser un Procès verbal. Les Paisans commençoient
dès lors à se persuader que la Bête étoit un Loup, quelques-
-uns des plus sensés qui l'avoient vûe l'avoient jugé ainsi, et
il n'étoit plus question de ses griffes.

Dans une battuë qui fut faite le 20 dans un Bois appellé le
Bois noir, le nommé Reinchard Garde-chasse du Duc d'Orléans
tira de loin un fort grand Loup qui fut pris pour l'animal qu'on
poursuivoit, et le frappa au gros sang. On lui donna aussitôt
les chiens qui le chassèrent jusqu'à le redevine — S. loups à
deux grandes lieües delà où il expira. Les chasseurs suivirent
tant qu'ils purent, mais ils ne purent sçavoir où les chiens
l'avoient laissé. Deux ou trois jours après un Paisan le
trouva et le porta au Subdélégué de S. Flour comme un Loup
ordinaire. M. antoine ne l'aiant appris que 3 ou 4 jours
après envoia à S. Flour M. son fils avec deux Gardes-chasse
du Roy pour réclamer cet animal, comme celui ou au moins
un de ceux qui ravageoient le païs. mais on ne put lui en

rapporter que la peau mutilée et sans la teste; le corps qui avoit
été jetté dans l'eau fut repeché, et l'on crut reconnoître que c'étoit
en effet celui de la Bête qu'on chassoit dont le pied gauche de
devant surtout étoit remarquable en ce qu'il portoit en dedans et
en dehors à cause d'une blessure qu'il y avoit jadis reçue, ce qui
faisoit que les ongles en étoient tous usés en dedans. ce détail se
lit dans le gazetier d'avignon du 20 7bre qui annonce aussi le
retour du Cte de Tournon en Vivarais où il ne se croiant plus
utile dans le Gévaudan.

Par des informations que je me suis procuré de quelqu'un qui
étoit alors sur les lieux, il est certain 1rement qu'un grand loups
fut tué le 29 aoust par le nommé Reinhard, et secondement
que plusieurs personnes et même quelques uns des Gardes-chasse
de la Suite de M. antoine, lorsqu'on eut examiné le pied
soutinrent que c'étoit celui de la Bête ou loups féroce qu'on
poursuivoit. Je me suis assuré de même que le comte de Tournon
avoit quitté le Gévaudan dans les premiers jours de Septembre.
Ceux qui avoient cru reconnoître ce loups pour la Bête dévorante
furent sans doute désabusés par les nouveaux ravages qui sui-
-voient de près, ou au moins ils furent obligés de convenir qu'il
en restoit encore un ou plusieurs de même espèce, ainsi que M.
antoine l'avoit pensé avec beaucoup de fondement. Un garçon
de 14 ans fut dévoré le 7bre de Paulhac. Le 8 même 7bre
une fille de 12 ans eut le même sort. Le 12 deux garçons l'un
de 14, l'autre de 11 furent grièvement blessés près de la Pont du
Fau en auvergne et le 13 une fille de 12 ans périt encore
sous la dent meurtrière de cet animal.

Après plus de 14 mois passés dans des allarmes continuelles
les habitans du Gévaudan et d'une partie de l'auvergne tou-
-choient enfin à l'heureux moment de leur délivrance, et la gloire

30

en étoit réservée à M. Antoine. Informé que les loups faisoient beaucoup de ravage dans les Bois de la Réserve de
l'Abbaye Royale de Chazes en Auvergne, il avoit envoié le
18 deux Gardes-chasse avec leurs Limiers pour reconnoître ces
Bois, et sur l'avis qu'ils lui donnerent le 19 au matin qu'ils y
avoient vu un très grand loup, et avoient eu pareillement connoissance d'une louve avec des louveteaux assés forts, il partit aussitôt
du Befret où il s'étoit fixé depuis quelque temps pour se rendre
à Chazes qui est à 3 lieües. Le lendemain 20 sur le rapport
que les valets de Limier vinrent lui faire qu'ils avoient détourné
ce grand loup la louve et les louveteaux dans le Bois de Pommieres dépendant de la d. Réserve, il s'y transporta avec tous
les Gardes-chasse et 40 Tireurs habitans de la ville de Langeac
et des Paroisses voisines par lesquels il fit entourer le Bois. L'aiant
ensuite fait fouler par les valets de Limier et les chiens de la louveterie, il apperçut à un détroit où il s'étoit placé ce grand loup
venir à lui par un Sentier lui prêtant le flanc droit et tournant la tête pour le regarder. Il le tira à la distance de 50
pas d'un coup de derriere d'une canardiere brizée et carabinée
chargée de 5 coups de poudre, de 35 postes à loup, et d'une bale
de calibre. L'animal aiant reçu plusieurs des postes dans le flanc
près de l'épaule, et la bale, ou plus vraisemblablement une de
ces postes dans l'oeil droit, tomba aussitôt; mais s'étant relevé
lorsque le S. Antoine crivit Halaly il vint sur lui en tournoiant
sans lui donner le temps de recharger. alors il appella à son secours
le S. Reinehard Garde-chasse de D. d'Orléans placé près de lui,
lequel l'aiant trouvé arrêté à dix pas de M. Antoine lui tira
un coup de carabine, et le blessa d'une bale à travers la cuisse
droite. ce coup le fit relever, et fit encore 25 pas au bout desquels
il tomba roide mort dans la plaine. Il fut trouvé avoir 32

pouces de hauteur après sa mort, 3 pieds de circonférence, et 5 pieds
9 pouces de longueur depuis le bout du museau jusqu'à l'extrémité
de la queüe. Il pesoit 130 livres. Sa gueule est garnie de 40 dents
18 en haut et 22 en bas. Les crocs d'en haut ont 14 lignes et ceux
de la machoire inférieure 13. Les Chasseurs l'ont jugé avoir environ 8 ans.

Aussitôt qu'il fut tué plusieurs personnes des environs qu'il avoit
attaqués furent appellés pour sçavoir s'ils reconnoitroient cet
animal. Ils le reconnurent effectivement pour celui qu'il les avoit
attaqués, et particulièrement cette servante du curé de Paulhac
nommée Jeanne Marie Valex qui lui avoit donné le 11 aoust
un coup de bayonnette dans le poitrail dont en effet on lui trou-
-va la marque. On le fit ensuite ouvrir par le Chirurgien
de Saugues, qui ne trouva dans ses intestins que des lambeaux
de chair et d'ossemens parmi lesquels il ne put discerner que quelques os de mou-
-ton.
M. Antoine après avoir constaté toutes ces circonstances par
un Procès verbal dressé sur les lieux, envoia M. son fils et un
des Gardes-chasse en poste à Clermont pour porter cet animal
à M. de Balainvilliers Intendant qui après l'avoir fait embau-
-mer jugea à propos que le S. Antoine fils partit en poste pour
Versailles accompagné du S. de la Poste Garde Général des Menus
Plaisirs pour le présenter à S.M. Il a été ensuite apporté
à Paris où le S. de la Poste le fait voir publiquement au
profit des Gardes-chasse qui sont restés en Gévaudan.

Après la mort de ce grand loup, M. Antoine crut qu'il étoit
intéressant pour les habitans du païs de détruire encore la louve
et les louveteaux qui avoient été détournés [+ le 20] dans la même enceinte
où il avoit été tué. Il y avoit d'autant plus de raison de soupçonner
que ces louveteaux pouvoient être de Sa race, et par conséquent
hériter des inclinations de leur père qu'on avoit observé des
longtemps qu'il s'accompagnoit souvent d'une louve. Les mesures

32

ont été si bien prises que cette Louve et deux Louveteaux qu'on
a présumé être le reste de cette famille carnassière ont été tués
dans le courant du mois d'octobre. La Louve s'est trouvée avoir
26 pouces de hauteur. M. Antoine après avoir rempli si heureusement l'objet de sa mission a quitté le Gévaudan, et est de
retour depuis le commencement de novembre.

On a douté quelquetemps que le loup tué par M. Antoine fut l'unique auteur de tous les ravages du Gévaudan et
de l'Auvergne. Et en effet il était assez difficile de croire qu'un
loup en eut tant fait, et qu'il eut infesté une si grande étendüe
de païs : M. Antoine lui même avoit jugé d'abord qu'il n'étoit
pas seul. Mais personne n'aiant été attaqué depuis plus de
deux mois à compter du 20 7bre par aucune Bête féroce, il n'y
a plus lieu aujourd'hui d'en douter. D'ailleurs il ne faut pas
croire qu'il n'y ait point d'exemple d'autant de ravages faits
par un seul loup. En voici un près dans le Recueil des Gazettes
de France années 1633 et 1634.

D'Evreux le 17 aoust 1633.

» Une Bête furieuse plus grande qu'un Dogue mais de sa
» forme sort de nos forêts il y a deux mois, et vient dans les
» villages d'ici autour souvent jusques aux fauxbourgs de cette
» ville dévorer non seulement les enfans, mais jusques aux plus
» forts hommes qu'elle entraîne d'une telle vitesse qu'on n'a pu
» trouver jusqu'ici aucun moien de l'attaquer, se trouvant à
» dire plus de 50 personnes qu'elle a dévorées de la sorte ; une
» seule chose lui fait peur, à scavoir la splendeur des épées
» acqui oblige un chacun d'en porter, et croit-on que c'est la
» même dont je vous écrivis l'année passée.

D'Evreux le 24 May 1634.

» Cette Bête furieuse dont je vous écrivis l'année passée aiant

" depuis deux mois dévoré plus de 30 personnes dans cette forêt Sans
" pouvoir être prise passoit pour un Sortilège dans la créance d'un
" chacun; mais le C.te de La Suze aiant par ordre de nôtre Lieute-
" -nant général assemblé le 21 de ce mois 5 à 600 personnes la
" Si bien poursuivie qu'au bout de 3 jours elle fut tuée d'un coup
" d'arquebuse. Il se trouve que c'est une Sorte de Loup, plus long,
" plus roux, la queue plus pointue, et la croupe plus large qu'à
" l'ordinaire.

J'ai cherché inutilement Sous l'année 1632 ce que le correspond.t
de Théophraste Renaudot alors chargé de la Gazette de France
dont il fut le premier auteur dit lui avoir écrit dans le cours de cette année
au sujet d'une Bête qu'on pensoit être la même que celle qui les deux
années Suivantes fit tant de ravage dans les environs d'Evreux. Si étoit
la même en effet. Son règne fut de beaucoup plus long que n'a été celui
de la Bête du Gévaudan. On observera qu'elle eut encore celle de com-
-mun avec celle d'aujourd'hui, qu'elle passa pour un Sorcier dans l'épinion
populaire. Certains événemens toutes les fois qu'ils Se renouvellent, doivent
naturellement produire la même impression Sur les mêmes esprits; parceque
cette impression tient à des préjugés toujours Subsistans, tels que ceux du
peuple Sur les Sorciers et les revenans.
On désirera Sans doute d'eavoir à quoi Se tenir Sur le
nombre de ceux qui ont été dévorés par la Bête féroce du Gé-
-vaudan. Le Total est de 50 à 58 personnes. Je ne doute pas que
bien des gens ne l'imaginent beaucoup plus grand; mais je puis
assurer que ce calcul est tout au plus près de la vérité, par les
Soins que je me Suis donné pour m'en instruire. Je n'avance rien
que d'après le relevé que j'en ai fait tant Sur les Papiers publics
que Sur des lettres particulieres, et qui plus est Sur un Journal fait
Sur les lieux même que j'ai entre les mains contenant jour par jour
les carnages de cette Bête depuis le 4 Juillet de l'année derniere
jusqu'au 21 Juin de l'année présente. A ces malheureuses victimes
il faut ajouter environ 25 personnes qui aiant été attaquées et
Secourues à temps en ont été quittes pour des blessures plus ou

moins considérables. Il est certain que dans ce nombre on compte au moins les deux Tiers de femmes, ce qui semble prouver le goût de préférence pour la chair féminine qu'on a toujours attribué à cet animal, comme l'effet d'un instinct particulier. Mais il est certain aussi qu'il n'a dévoré aucun homme fait, il n'y a peut-être pas même d'exemple avéré qu'il en ait attaqué; les plus âgés de ceux qu'il a tués ou blessés étoient de jeunes garçons au plus de 14 à 15 ans. Il paroit donc que ce n'est pas le Sexe, mais le moins de résistance qui le déterminoit, et cela par l'instinct, uni-forme et général dont la nature a doué tous les Êtres pour leur conservation.

Fin

N.B.
ce 15 Juin
1766.

Après avoir pris beaucoup de peine à rassembler tous les détails d'un événement que j'avois regardé comme très extraordinaire, dans la supposition qu'il s'agissoit d'une seule et unique Bête, supposition fondée sur plusieurs circonstances qui sembloient le prouver, et principalement sur la cessation entière des ravages qui a suivi immédiatement la mort du Loup tué le 20 7bre et qui a continué plusieurs mois; j'apprens par les papiers publics, et notamment par le courier d'Avignon, qu'un ou plusieurs Loups de même espèce que celui tué par Mr Antoine ont recom- mencé à désoler le Gévaudan vers la fin du mois de Décembre de l'année dernière 1765. On cite depuis cette époque jusqu'à la mi-Mars de cette année 1766. deux jeunes filles et une femme dévorées, et une autre femme grièvement blessée par ces animaux. Il est donc clair aujourd'hui qu'on a eu tort d'attribuer à un seul loup tous les ravages qui se sont faits dans le Gévaudan, et dès lors il n'y a plus à s'étonner qu'ils aient duré si longtemps. J'avoüe maintenant que j'ai quelque regret du temps et du travail que m'a coûté ce Recueil et surtout ce Précis Historique qui par là se trouve porté à faux en partie, sans cependant que cela change rien à la vérité des faits qu'il contient. Mais, dira-t-on, s'il y a eu en effet plusieurs loups carnaciers en Gévaudan jusqu'à l'époque du 20 7bre 1765 pourquoi les ravages ont-ils cessé tout d'un coup à cette époque? et n'en a-t-on plus entendu parler pendant trois mois après? je répondrai à cela que ce qui se passe depuis la fin de Xbre Semble prouver qu'avant que Mr Antoine eut détruit le Loup du 20 7bre que le coup de bayonnette au poitrail fit reconnoître incontestablement pour un animal Antro- pophage, on en avoit déjà détruit d'autres depuis semblables, que les préjugés qui régnoient alors sur une prétendue Bête féroce d'une espèce étrangère ou inconnue, avoit fait regarder

L'HYENNE COMBATTUE,

OU

LE TRIOMPHE DE L'AMITIÉ,

ET

DE L'AMOUR MATERNEL.

EN DEUX POEMES HÉROIQUES.

A AMSTERDAM,

Et se trouve à Paris,

Chez DUFOUR, Libraire, Quai de Gêvres, au Bon
Pasteur.

M. DCC. LXV.

AVERTISSEMENT.

DEUX Lettres insérées depuis peu dans la Gazette de France, ont fait naître l'idée de ces deux Ouvrages, dont chaque sujet a paru également intéressant. La valeur ingénue de quatre enfans, qui se défendent contre une Bête redoutable, déja trop connue par sa cruauté, la grandeur d'ame avec laquelle un d'entr'eux les engage à sauver leur ami, forment l'objet du premier Poëme ; le second offre un tableau, plus touchant encore, de tout ce que la Nature peut suggérer à la mere la plus tendre.

LE
TRIOMPHE DE L'AMITIÉ,
POEME HEROIQUE.
En deux Chants.

CHANT PREMIER.
ARGUMENT.

Exposition du sujet. Naissance & âge de Portefaix. Eloge de l'état de Berger. Description de l'Hyenne ; allarmes qu'elle cause. Cinq jeunes enfans se rassemblent, pour veiller sur leurs troupeaux. Préparatifs qu'ils font, en cas d'attaque.

O toi, Chantre sacré, dont le sublime effort,
Nous montra comme on brave & le tems & la mort;

A ij

Toi, dont en vain l'envie ose attaquer la gloire,
Homere, sois mon guide au temple de mémoire!
Cependant ne crois pas.qu'Icare audacieux,
J'aspire à retracer les querelles des Dieux ;
Je célebre un Héros, dont la valeur utile
En eût plus fait, peut-être, & qu'Ajax & qu'Achille
Si l'âge eût secondé ses exploits éclatans ;
A peine ce Héros comptoit onze Printems.
PORTEFAIX est son nom ; dans un séjour champêtre,
Sous de paisibles toits le Ciel l'avoit fait naître.
Il n'étoit que Berger.... Cet état avili
Sembloit le condamner aux rigueurs de l'oubli.
Dans quel égarement l'ambition nous plonge!
L'âge d'or à nos yeux n'offre plus qu'un vain songe ;
Ce siecle si vanté par d'innocentes mœurs,
Que devient-il pour nous ? Un reproche à nos cœurs.
Pâris, auteur des maux qui mirent Troye en cendre,
Jeune encor, fut Berger sous le nom d'Alexandre ;
A l'éclat des vertus dont il brilloit alors,
Prévoyoit-on un jour sa honte & ses remords ?
A la Cour de Priam sa naissance l'appelle ;
Dangereux séducteur d'une épouse infidelle,
Sa vertu l'abandonne, & la Phrygie en pleurs,
Au rang qu'il a repris a dû tous ses malheurs.

Les antiques Bergers, au sein de l'innocence,
Cultivoient les vertus, leurs champs & la science,
Seuls, ils nous ont transmis cet art audacieux
Qui nous fait mesurer & lire dans les Cieux;
Par lui, le Nautonnier que séduit la fortune,
Se flatte de dompter l'empire de Neptune,
Des bords glacés de l'Ourse aux plus brûlans climats,
Où son ambition lui fait porter ses pas.

Non loin d'une contrée agréable & fertile,
Où l'art rend sans effort la nature docile, (1)
Le jeune PORTEFAIX avoit reçu le jour.
Un monstre furieux désoloit ce séjour.
Objet trop renaissant de la terreur publique,
Monstre échappé, dit-on, des rives de l'Afrique,
Assemblage inouï, d'autant plus redouté,
Qu'il fait unir la ruse avec la cruauté;
Aussi prompt que l'éclair dans sa course homicide,
Et signalant (2) au loin la fureur qui le guide.

Tel qu'autrefois le Sphinx, par des coups inhu-
mains,

---

(1) Le Gevaudan avoisine le Languedoc.
(2) Ses courses embrassent une étendue de pays de plus de quarante
lieues, dont le Gevaudan est le centre.

A iij

Même au pied de leurs murs fit trembler les Thé-
    bains,
Jusques au jour marqué pour un hymen funeste,
Où le vainqueur (1) passa du triomphe à l'inceste :
Tel ce monstre nouveau, du nom d'Hyenne appellé,
Monstre, qu'à sa vîtesse on pourroit croire ailé,
Dans tout le Gevaudan a semé l'épouvante.
C'est par l'impunité que sa rage s'augmente.
Préparant en secret les coups qu'il veut porter,
Il s'élance (2) au moment qu'on ne peut l'éviter.

A quelque excès d'effroi que chacun s'abandonne,
Laissera-t'on languir les trésors de Pomonne ?
La culture des champs & le soin des troupeaux,
N'occuperont-ils plus les paisibles hameaux ?
Mais le travail l'emporte, & les craintes finissent ;
On sillonne les champs, & les troupeaux bondissent.
Par le commun danger (3) sept enfans réunis,

---

(1) Il s'agit ici d'Œdipe, dont l'histoire est assez connue ; ce fut par
une Tragédie de ce nom, que M. de Voltaire, fort jeune encore,
entra dans la carriere où il s'est acquis tant de gloire.

(2) Après avoir rampé, sans qu'on puisse l'appercevoir, l'Hyenne
s'élance de fort loin sur ceux qu'elle attaque.

(3) Outre cinq jeunes garçons, dont deux de onze ans, & trois
de sept, il y avoit deux filles à peu près du même âge. Ces enfans sont
du village de Villeret.

Veillent sur ces troupeaux à leur garde remis.
Deux d'entr'eux sont d'un sexe à qui les destinées
Réservent de la paix les douceurs fortunées :
Sexe aimable & prudent, dont le sensible cœur
Du tumulte des camps a toujours fui l'horreur.

De même que l'on voit dans un riant boccage,
Sept jeunes arbrisseaux prêter leur foible ombrage ;
Tandis qu'un seul d'entr'eux, qui domine sur tous,
Du fougueux aquilon brave déja les coups :
Tel, parmi ces enfans, PORTEFAIX se signale ;
Il veut détruire en eux une crainte fatale.
Cette noble fierté qui brille dans ses yeux,
Ce présage assûré d'un destin glorieux,
En impose, & bientôt dissipe les allarmes.
A tout événement on prépare des armes ;
Au bout de longs bâtons des fers sont attachés.
On cherche à prévenir tous les pieges cachés.
Chaque soldat armé paroissant immobile,
Pour découvrir au loin, en sera plus utile.
Les Bergers en circuit, deux filles, le troupeau,
Dans le centre placés, forment un camp nouveau.

Fin du premier Chant.

A iv

CHANT II.

ARGUMENT.

Songe de Portefaix. L'Hyenne attaque les Bergers: ils
Ils choisissent pour chef PORTEFAIX. *Généreuse intré-*
pidité , que celui-ci montre. Combat soutenu contre
l'Hyenne. Issue du combat.

Assez souvent du Ciel la volonté suprême ,
En précede l'effet, & s'annonce elle-même.
Avant ce jour de crainte où nos jeunes Bergers
Rassemblés dans le camp , pressentent leurs dangers,
Un songe décevant , une trompeuse image ,
Offrit à PORTEFAIX le plus flatteur présage.
Un spectacle nouveau vient frapper ses regards ;
Il voit briller des fers , flotter des étendards.
Le bouclier d'Achille à ses yeux se présente ;
Il veut le soulever, mais le poids l'épouvante.
Toujours la résistance irrita le desir :
PORTEFAIX de l'armure ose enfin se saisir ;
A ses débiles mains ce poids immense céde.
Sans doute en ce moment un Dieu propice l'aide.
Admirant en secret ce qu'il ne connoît pas ,
Ce chef-d'œuvre de l'art a pour lui des appas.

Tandis qu'il le parcourt, l'aurore vigilante
Précédant du soleil la course renaissante,
Eveille le Berger, & détruit une erreur,
Dont il lui reste à peine un souvenir trompeur.

J'ai dépeint des enfans généreux, intrépides,
Dont la tendre amitié va faire autant d'Alcides.
Ils étoient dans leur camp... tout à coup une voix
S'écrie : ô mes amis, c'est elle, je la vois,
L'Hyenne approche... à ces mots, tout le camp qui
          murmure,
Voit dans PORTEFAIX seul, un chef qui le rassure.
PORTEFAIX dont l'orgueil n'a point séduit le cœur,
Pour sauver ses amis, accepte cet honneur.
Ne craignez rien, dit-il, *je suis à votre tête.*
Le monstre tourne au loin, considere, s'arrête,
Et de même qu'un trait lancé d'un bras nerveux,
Il s'élance, il saisit le plus jeune d'entr'eux,
L'entraîne, & dans son sang croit assouvir sa rage.
Tout le camp, dont ce coup dissipe le courage,
Par son chef, désormais avec peine arrêté,
Dans le malheur d'un seul croit voir sa sûreté.
On propose la fuite; avec crainte on avance :
PORTEFAIX à l'instant releve leur constance.

Et éployant un cœur plus grand, plus affermi,
Non, dit-il, *périssons, ou sauvons notre ami.*
A ce généreux cri la troupe se ranime,
On court en ordre au monstre arracher la victime ;
Il la laisse sanglante, (1) & s'indigne de voir
Qu'à de tels ennemis il cede le pouvoir ;
Lui, dont l'horrible soif, qui toujours le dévore,
S'étanche avec plaisir (2) dans un sang jeune encore.
Non-seulement sa proie échappe à sa fureur,
Pour la premiere fois il connoît la terreur.
De rage & de douleur ses regards étincellent ;
Quatre enfans mal armés l'entourent, le harcelent,
Le monstre s'en émeut, quoique leurs foibles bras
Ne puissent d'un coup sûr lui lancer le trépas.
Un long poil hérissé sert au cruel, d'égide.
La valeur, elle seule, à ce combat préside,
L'union l'accompagne, & le sang froid la suit :
Mais que peut la valeur, quand la force trahit ?
Chacun croit voir un Dieu dans son chef invincible ;
Frappons, frappons aux yeux, c'est son endroit sensible,

---

(1) Le jeune garçon entraîné par l'Hyenne, & que ses amis secoururent à tems, fut blessé à la joue & au bras, mais légérement.

(2) L'Hyenne se jette de préférence sur les jeunes personnes.

Dit-il : au même inftant l'ordre eft exécuté ;
Plus d'un coup dangereux de concert eft porté.
Le monftre alloit périr, lorfqu'une fuite prompte
Dans le fond d'un ruiffeau lui fait cacher fa honte ;
Il s'y roule avec rage, & s'élançant foudain,
Défefpéré, confus, (1) prend un autre chemin.

Ainfi fe termina ce combat mémorable.
Telle on vit autrefois une hydre épouvantable
Des fombres eaux du Lerne (2) implorer le fecours ;
Ce fut là le dernier de fes funeftes jours.
Elle y trouva la mort en y cherchant la fuite :
Mais auffi, quel Héros étoit à fa pourfuite !
Le fils de Jupiter, le plus grand des mortels,
A qui la Grece entiere éleva des autels.
Hercule, avant ce trait d'immortelle mémoire,
S'étoit déja frayé le chemin de la gloire ;
Deux ferpens étouffés dans fon berceau par lui,
Montrent affez qu'un Dieu fe rendoit fon appui.

---

(1) De crainte de jetter quelque froideur fur le récit & l'iffue du combat, on s'eft difpenfé de faire mention d'un homme qui accourut au bruit que faifoient les enfans, & qui fe mit à crier lui-même, pour épouvanter l'Hyenne.

(2) Hercule défit un hydre près du marais de Lerne ; ce fut le fecond des travaux que lui impofa la haine de Junon.

(12)

D'Hercule à PORTEFAIX je connois la distance;
Mais si l'un eut pour lui l'éclat de sa naissance,
L'autre s'est préparé sous de rustiques toits,
Aux plus nobles vertus, aux plus brillans exploits.
Grandeur, fermeté d'ame, audace réfléchie,
Dès sa plus tendre aurore ont ennobli sa vie,
Et pour mieux illustrer ce prodige nouveau,
Une amitié touchante y met le dernier sceau.

Fin du Triomphe de l'Amitié.

LE TRIOMPHE
DE L'AMOUR MATERNEL,
POEME HEROIQUE.

O Muse, qui gravez avec des traits de flamme,
Les solides vertus qui nous élevent l'ame,
Ne puis-je de ce feu dérober un rayon,
Et, nouveau Promethée, en illustrer mon nom?
J'entreprends de transmettre à la race future,
Le plus sensible cœur qu'ait formé la nature;
De toucher, d'attendrir, tout m'annonce l'espoir:
De l'amour maternel je chante le pouvoir.
Nous admirons encor les exemples sublimes
Que donnerent aux Grecs deux meres magnanimes;
Nous partageons les pleurs & les funebres cris
D'Andromaque qui s'offre aux bourreaux de son fils.
Frémissans du couteau dont s'arme un Prêtre impie,
Nous plaignons Clytemnestre autant qu'Iphigénie.
Du tems qui détruit tout, les voiles répandus
N'ont jamais obscurci les antiques vertus,

Tranfmifes d'âge en âge & fervant de modeles ;
Feu facré, qui renaît des moindres étincelles !

Affez & trop long-tems, par un funefte fort,
Au loin l'Hyenne répand le carnage & la mort ;
Toujours le Gevaudan eft la fanglante enceinte,
Que ce monftre a choifi pour y femer la crainte.
Près de fes foyers même, afyles de la paix,
L'habitant confterné doit frémir déformais.
Sans choifir le moment, où la nuit la plus fombre
Enhardit aux forfaits, & leur prête fon ombre,
Le monftre fe fignale en tout tems, en tous lieux ;
Redoutant peu le nombre, & la clarté des cieux.

Trop fouvent nous voyons que le cœur le plus
tendre
Des piéges dangereux fait le moins fe défendre ;
Tout rempli des objets qui feuls font fon bonheur,
Il eft fans défiance au fein de la candeur.
Sécurité fatale, & cependant touchante,
Toi, par qui le danger précede l'épouvante,
Tu trompas une mere en ce funefte jour,
Qui va faire éclater l'excès de fon amour.
Quelle mere ! ... ah ! déja mon ame eft attendrie !

CHATAN JOUVE (1) est son nom : Le Rouget sa
　　patrie :
Ce nom , fait pour passer à la postérieé ,
Tire un nouvel éclat de son obscurité.

Tel que l'astre fécond, source de la lumiere ,
Dès l'instant, où du jour il ouvre la barriere,
Sur un nuage épais faisant agir ses feux,
En azur le plus beau change un ciel ténébreux :
Telle aussi la vertu, par l'éclat de son lustre,
Sait tirer de l'oubli le nom le moins illustre;
Et que je plains les cœurs qui n'ont jamais senti
Combien par cet éclat un nom est ennobli !

　　Sous de champêtres toits , à ses devoirs livrée,
D'une famille chere en tout tems entourée,
CHATAN JOUVE un matin, hâtoit par ses travaux
Les trésors du Printems, à peine encor éclos.
Trois enfans, dont un d'eux commençant sa car-
　　riere ,
Se nourrissoit du lait de la plus tendre mere,
Assis à ses côtés, tous trois chéris, heureux,
Signaloient leurs transports par de paisibles jeux.

---

(1) On a réuni son nom de famille à celui de son mari.

Enfans infortunés, quel destin vous menace ?
On approche... fuyez... ah !... tout mon sang
    se glace,
C'est l'Hyenne redoutable... Elle vient, fuyez tous ;
Que dis-je ? il n'est plus tems, & le monstre est sur
    vous.
Qui des trois deviendra sa premiere victime ?
A ce monstre cruel il faut un double crime ;
C'est l'aîné qu'il choisit, celui qui dans ses bras
Porte un frere au berceau, qu'il n'abandonne pas.
A ce spectacle affreux, leur mere frémissante,
Vole au monstre, & trompant sa fureur renaissante,
Plus prompte encor que lui, forte par son amour,
Arrache ses deux fils qu'il reprend tour à tour.
De ces tristes enfans déja le sang ruisselle,
Et le sang maternel avec le leur se mêle.
Des vêtemens épars, déchirés & sanglans,
Du plus affreux combat sont d'assurés garans.
Le monstre enfin lassé de tant de résistance,
D'une mere à son tour, croit lasser la constance ;
Et le troisième enfant, du combat spectateur,
Epargné jusqu'ici, va sentir sa fureur.
Sa tête, par le monstre à l'instant engloutie,
Ne laisse désormais plus d'espoir pour sa vie :

Plus d'espoir ?.... Quel arrêt pour une mere en
    pleurs,
Qui gémit, qui mourra de ses propres douleurs !
Peut - être il vit encor.... Elle ose, au moins, le
    croire,
Elle ose à son bourreau disputer la victoire,
Et ne consultant plus qu'un cœur désespéré,
S'élance sur le dos de ce monstre altéré :
Là, lui pressant les flancs qui palpitent de rage,
Trop d'efforts redoublés épuisent son courage,
Elle chancelle, tombe, & sa plaintive voix
Semble implorer le Ciel pour la derniere fois.
De son fils entraîné par le monstre indomptable,
La mort, plus que jamais, paroît inévitable :
Et quelle mort, hélas !... Cependant un Berger
Paroît, & peut encor suspendre le danger.
Le monstre est attaqué, mais dans sa course agile,
Il franchit un terrein qui devient son asyle ;
C'est-là, que sans quitter cet objet de pitié,
Cet enfant malheureux qui ne vit qu'à moitié,
Il veut en consommer l'horrible sacrifice ;
Sans espoir de retard il faut qu'il s'accomplisse :
Lorsqu'un chien courageux, & le premier de tous,
Qui de l'Hyenne farouche ose affronter les coups,

Dans son retranchement l'attaque avec audace ;
Au nouvel agresseur le monstre faisant face,
Laisse là sa victime, & d'un coup mesuré,
Ecarte un combattant à craindre & rassuré.
De ce séjour sanglant il prend enfin la fuite,
Traînant en d'autres lieux la terreur à sa suite.

O mère courageuse, à ton cœur éperdu,
Ce fils que tu pleurois, ce fils est donc rendu !
Dans quel état ? ô Ciel ! … Quand j'en frémis moi-
    même,
Je me retrace assez ton désespoir extrême.
Ce déplorable enfant ne fait plus que souffrir,
Et ne vivant qu'à peine est heureux de mourir.
Vas, tu fis plus pour lui qu'on ne devoit attendre.
Epouse vertueuse, & mere la plus tendre,
Par un sang desséché, dès tes plus jeunes ans,
Jusques ici tes jours (1) ont été languissans ;
Mais il te reste un cœur formé pour la tendresse,
Qui sçût te rendre forte au sein de ta foiblesse.
Aux dons que sur ce cœur le Ciel a répandus,
Il se plaît d'ajouter un triomphe de plus ;

---

(1) Cette tendre mere est d'une complexion trés-délicate.

Un Roi qui des vertus lui-même est le modele,
A transmis à la tienne (1) une gloire nouvelle :
Pere d'un peuple heureux, ses regards bienfaisans
Dans ses moindres sujets lui font voir ses enfans.

---

(1) Le Roi, instruit de l'action généreuse de cette mere, lui a accordé une gratification, ainsi qu'au jeune PORTEFAIX.

SUR LA BÊTE

MONSTRUEUSE ET CRUELLE

DU GEVAUDAN,

POEME.

AVIS

DE L'ÉDITEUR.

Sans pousser l'admiration trop loin, j'ose
affûrer les Connoiffeurs en Poëfie qu'ils
n'ont encore rien vu de comparable au Poëme
qu'ils vont lire. L'Auteur a une maniere qui lui
eft propre, & il écrit comme perfonne n'écrit.
Les réflexions qui naiffent fous fa plume font
préfentées d'une maniere neuve, fon ton eft
foutenu, fes inverfions font hardies, fes tranfi-
tions rapides & imprévuès, fon ftyle n'eft ni
trop fimple, ni trop épigrammatique; en un mot,
il s'eft élancé comme l'aigle, & il a atteint de
plein vol à ce point de perfection inconnu à nos
Peres, où nos Poëtes modernes femblent vifer
depuis long-tems.

Pour me conformer au goût du fiecle pour
les Gravures, j'aurois bien voulu orner ce Poëme
d'un beau portrait de la Bête du Gévaudan, ou
bien de celui de l'Auteur, mais les retardemens
que cela auroit occafionnés auroient pû faire
murmurer le Public; je livre à fon impatience

l'Ouvrage tel qu'il est , j'y ai joint seulement quelques Notes , avec un Sommaire qui aidera à sentir la beauté & la sagesse du plan de l'Auteur.

LETTRE DE L'AUTEUR,

A MONSIEUR,......

A.............. ce 28 Juin 1765.

MONSIEUR,

APRÈS ne vous avoir assuré de mes civilités depuis le commencement de la présente année, je suis bien-aise ici de vous les renouveller dans cette occasion, de vous envoyer en même tems de mes nouvelles, & d'en recevoir de vous, depuis six mois que nous en sommes privés, soit directement, soit indirectement ; mais particulierement une jeune Dame, aussi de votre connoissance, à laquelle je me suis informé de l'état de votre santé, qui ne m'en a rien su dire en se trouvant dans le même cas. J'ai donc sujet de m'en consoler ; ce sont apparemment vos occupations qui sont les véritables causes de cette prétendue négligence : si c'en étoit une de votre part, vous me pourriez faire aussi le même reproche, si la crainte ici de vous importuner sans sujet, ne m'avoit empêché de vous écrire depuis. Je vous envoie pour étrennes de la saint Jean, certaine Piece intéressante, à mon gré non-seulement, elle l'est même à celui de l'un de vos principaux Amis dans notre Ville, dont ayant suivi le bon conseil, aussi j'es-

A iij

pere que je m'en trouverai bien de votre part. Après
m'avoir conseillé de vous l'envoyer, sachant que vous
auriez le plaisir de la lire, & de me la rendre utile ;
ainsi pour peu que vous la trouvassiez bonne & rece-
vable, je vous supplierai d'avoir la bonté de la produire ou mettre au jour, soit par la voie du Mercure,
soit par celle d'un Imprimeur, vû qu'aucun n'a travaillé sur ce sujet : ce morceau paroîtra du fruit nouveau, sur lequel on se jettera d'abord ; mais si cela se
peut faire en même tems par l'une & l'autre voie,
ceci vaudra beaucoup mieux. Je m'imagine que vous
pourriez bien la faire imprimer sans qu'elle pafsât par
les mains des Colporteurs ; il y a des expédiens, je
crois, là-dessus, pour empêcher tous ces Rimailleurs
de Chansons de rendre ces pieces de Poésie trop ban-
nales. Sachant donc mieux que moi la façon de laquelle il faut vous y prendre, agissez comme si c'é-
toit pour vous-même, j'abandonne la chose à votre
discrétion : par votre canal je pourrai commencer
dès à présent à percevoir le fruit de mes travaux,
qui consiste dans l'honneur & le profit ; c'est ce qui
provoquera mon émulation davantage, & c'est par
ce moyen que vous deviendrez le principal auteur
de mon avancement dans la République des Lettres.
Il seroit fâcheux pour moi d'avoir l'art ainsi de com-
poser, & de n'avoir pas celui de débiter.

Vous aurez donc la bonté de me faire savoir le
parti là-dessus que vous prendrez, sinon celui que

vous aurez pris ; c'eſt en attendant quelques-unes de vos cheres nouvelles que je me fais gloire & plaiſir d'être ce que je fus toujours à votre égard, depuis que j'ai le bien de vous connoître,

MONSIEUR,

Votre très humble & très-
obéiſſant ſerviteur,
LE BARON DE R.....

Je vous prie de ne communiquer ma Lettre à qui que ce ſoit. (*)

(*) Je n'ai pas gardé bien fidellement ce ſecret que l'Auteur me preſcrivoit ; mais tout le monde ſait que les Auteurs reſſemblent aux jolies Femmes, qui défendent ſouvent ce qu'elles deſirent. J'ai voulu donner à mes Lecteurs une *idée* des talens de l'Auteur pour la Proſe. D'ailleurs tout ce qui a rapport à un homme de Lettres eſt ſi curieux, ſi intéreſſant pour le Public, que c'eſt lui rendre un grand ſervice de publier ſes Lettres familieres, les détails de ſes affaires domeſtiques, la liſte de ſes Régens, &c. &c.

SOMMAIRE.

EXPOSITION des fureurs de la Bête. Digression très-curieuse sur la Fête de la Gargouille qu'on célebre à Rouen. Réflexions sur la galanterie qui semble régner dans les démarches de la Bête du Gévaudan, & sur son détestable abord. Portrait dudit Monstre. Réflexions utiles sur la cherté du Bois qu'il occasionne. Description des chasses où on a manqué la Bête du Gévaudan. Projet intéressant de faire un beau Miracle à l'encontre de cette Bête. Conclusion.

SUR LA BÊTE
MONSTRUEUSE ET CRUELLE
DU GÉVAUDAN.

POEME.

Dieu contre un certain Peuple a-t-il dans sa fureur
Envoyé dans la France un Monstre plein d'horreur ?
Pour causer tant d'allarme à toute une Province,
Il n'épargneroit pas la Fille d'un grand Prince ! (a)
Non plus que celle alors du plus simple Berger,
L'une ou l'autre est sujette à semblable danger.
Il allarme souvent toute une Populace ;
Ni le fer, ni le feu, ni péril, ni menace,
Jamais n'ont pu dompter ce féroce animal,
Dans tout le Gévaudan qui cause tant de mal,
Quoique ce ne soit pas une Bête à sept têtes,
Pour vaincre néanmoins de si fâcheuses Bêtes,
Nous aurions grand besoin d'un autre saint Germain.
Rappellons-nous le tems du brave saint Romain,

(a) Ce vers peint merveilleusement bien la férocité, & pour ainsi dire,
l'impolitesse du Monstre.

Qui dompta celle, à Rouen, qu'on nomme *la Gar-*
      gouille,
Dans la grande Cité bien proche de la Bouille, (*b*)
Dont la figure on porte à la Proceſſion,
Dans chacun an du Chriſt jour de l'Aſcenſion. (*c*)
De cette délivrance à l'illuſtre mémoire,
Et de ce ſaint Pontife à la plus grande gloire,
Du plus affreux ſupplice on ſauve un Priſonnier,
Que l'on eût fait mourir autrement ſans quartier;
Mais dudit Saint portant & ſoulevant la Châſſe,
De la Juſtice enſuite il a bientôt ſa grace;
Il prend bien garde auſſi de ne plus retomber
Dans ſa faute commiſe, & craint d'y ſuccomber.
Rien n'eſt plus ſurprenant que cette Bête affreuſe;
Peut-on la croire enfin du beau Sexe amoureuſe?
De ſemblables careſſes il ſe paſſeroit bien;
Mais des Filles ſur-tout ce Monſtre ne craint rien, (*d*)
Tout écumant de rage auſſitôt les dévore.
On a déjà parlé de quelque Monſtre encore;
Mais celui-ci vraiment tout ſurpaſſe en rigueur,
De nos Peuples voiſins qui cauſe la terreur,
Et ne ſait qu'allarmer des gens dans leurs campagnes;
Où prendra-t-on la fuite, eſt-ce ſur les montagnes?
D'un pareil Animal comment ſe garantir?
Car, quoique d'un pas lent, il ne fait que bondir;

(*b*) Ces ſortes d'indications Géographiques donnent beaucoup de grace à
la Poéſie. C'eſt ainſi qu'Homere eſt tour-à-tour Poëte, Géographe & Phy-
ſicien.

(*c*) Inverſion poétique, pour dire *de l'Aſcenſion du Chriſt.*

(*d*) Sexe trompeur, ſans doute il ne vous connoît pas!

Mais d'une agilité, d'une vîtesse extrême ;
Je m'imagine bien qu'en cet instant-là même
On voudroit, par Miracle, être invisible alors ;
Pour tâcher d'éviter son détestable abord.
A trois lieues de distance en courant il s'échappe,
Dans un simple intervalle, afin qu'on ne l'attrape.
Son corps paroît léger, impassible & subtil,
De côté qu'on le fixe, ou sinon de profil. (e)
En effet, sa peau même est de si dure écorce,
Que tous les coups perçans n'y trouvent point d'a-
   morce,
Par des tours d'exercice évitant lesdits coups,
Il est à se sauver plus adroit que nos Loups.
Proche de sa victime il se met ventre à terre,
Plus grand qu'un gros Renard & ne paroissant guere ;
De son derriere enfin se dressant sur les pieds,
Comme un Monstre envoyé des plus fameux sorciers,
De certaine distance alors à quelques toises,
(Qu'il doit s'ensuivre, hélas ! de mortelles angoisses !)
Par derriere à la gorge, ou bien par le côté
Qu'il attaque sans cesse avec rapidité,
Sur sa propre victime il va, court & s'élance,
Par lui couper la gorge au plutôt il commence.
(Monstre indéfinissable !) Il est d'ailleurs poltron ;
Pour le faire courir il ne faut d'éperon,

(e) L'Auteur explique sa pensée de deux manieres, afin qu'on la saisisse mieux. Il vaudroit mieux en cela suivre son exemple, que celui de ces prétendus Poëtes dont les Tragédies ou les Poëmes ressemblent à des recueils d'Enigmes.

Pour fe fauver des bœufs : or cette antipathie
Lui fait fuir leur préfence avec ignominie.
Quel Animal difforme en voyant fon portrait,
Si, d'après la nature, il eft peint trait pour trait !
De grande & forte griffe, il a la patte armée (f),
La figure du corps femble aux yeux décharnée,
Plus élevé qu'un Loup, il eft grand par-devant,
Rougeâtre il a le poil ; fa tête en avançant
D'un commun lévrier en mufeau fe termine,
D'effroyable groffeur, non délicate ou fine ;
Son oreille eft petite & de corne en façon,
Sans que la difputer il ofe au limaçon ;
Son poitrail eft fort large, & tant foit peu grifâtre ;
Au-long fon dos rayé d'une couleur noirâtre ;
Mais fa gueule eft énorme, elle eft armée de dents
Bien aiguifé d'un fabre elles ont des tranchans,
Jufques même à ce point de féparer les têtes ;
Or pareille mâchoire eft rare aux autres Bêtes,
Qui coupe fec & net de même qu'un rafoir,
A quiconque à la fin ce malheur doit échoir ;
Mais il n'excepte aucun dans cet affreux défaftre :
De maligne influence ici-bas, quel eft l'Aftre
Sous lequel fut d'abord ce vrai Monftre engendré ?
Plût à Dieu qu'en naiffant quelqu'un l'eût éventré,
Qu'on eût même écrafé cette maudite engeance.
Pour ce monde terreftre ; ah, quelle délivrance !

____

(f) Ce vers qui paroîtra dur aux ignorans, eft au contraire un chef-d'œuvre d'harmonie imitative.

Il rend de ce pays, dit-on, le bois fort cher,
Sans qu'on ose aux forêts même en aller chercher.
Faut-il donc que la crainte, ainsi que la froidure,
Ces gens fasse trembler ! quelle gehenne & torture !
Falloit-il que l'enfer eût vomi de son sein
Ce Monstre abominable, exécrable, inhumain !
N'est-ce pas incarné quelque Démon sur Terre,
Lequel au genre humain déclare ainsi la guerre,
Qui, même avant le regne, un jour de l'Antechrist
Exerce par avance ici-bas son esprit ?
A l'Être souverain, pour enlever des ames,
Et les ensevelir avec soi dans les flâmes,
Dans ce corps animal voulant se déguiser.
Il faut dans ce cas-là bientôt l'exorciser (g).
Ne vit-il point sur Terre & dans l'Onde en partie?
C'est ce que l'on appelle *Animal amphibie*,
Plutôt qu'un *Loup-Cervier*, si c'est un *Loup-Garrou* (h).
Quel qu'il puisse être, il faut que l'on en vienne à
    bout.
Jusqu'ici l'on n'a gueres encore pu l'atteindre,
Malgré qu'on ait osé le forcer ou contraindre,
Et que l'on ait voulu réprimer sa fureur
Par le fer & le feu, l'accabler de terreur.
Et qu'un Détachement assez considérable
De Paysans, Soldats d'une troupe innombrable

(g) Cet expédient n'est peut-être pas à la mode, mais il ne laisse pas d'être ingénieux.

(h) Animal singulier, que M. de Buffon a oublié par malheur dans son Histoire naturelle. Voyez l'Histoire de M. Oufle.

Vivement le poursuive armée de toute main ;
Pour qu'il n'existe plus du jour au lendemain.
Parce qu'une campagne est vraiment allarmée ,
Faut - il donc , pour le vaincre , envoyer une ar-
        mée ?
Dans ce cas à Dieu même il faut qu'on ait recours,
Et souvent avec zele implorer son secours,
Pour que ce Peuple enfin dudit Monstre il délivre ,
Et le fasse résoudre au plutôt à bien vivre ;
Et que de s'en défaire , inspirant le moyen
De ce malheureux Peuple à chaque Citoyen.
Dieu lui fasse la grace enfin d'être tranquille ,
Aux gens de la campagne , ainsi que de la ville.
Il a déja prié jusqu'ici maintenant ,
Pour être délivré dans un cas si pressant ,
Sans cesse on fait là-bas des oraisons publiques ;
Il n'est d'autre moyen , la cause est sans répliques.
Si c'étoit comme ailleurs aux environs D'A . . . .
Quel seroit le bonheur de tous nos Citoyens ?
Notre digne Prélat par sa foi , par son zele ,
Acquéreroit sans doute une palme immortelle,
Par le moyen du jeûne , ainsi que l'oraison ,
Nous en délivreroit avec juste raison ;
Comme ces saints Prélats de l'Eglise naissante ,
Nous ne serions frustrés dans la pieuse attente,
Par sa priere alors d'un miracle obtenu.
Ce Monstre en nos cantons seroit bien mal venu :
Sur le col de la Bête appliquant son étole ,
Il la rendroit plus douce à l'instant & plus molle

(15)

Par un figne de croix qu'une fimple brebis.
Merveille affurément dont nous ferions ravis !
L'Evêque auffi de T . . . . . autrefois Grand-Vicaire
De notre bon Prélat , fe rendroit néceffaire
Dans cette circonftance , imitant fa vertu ,
Sous l'habit violet dont il eft revêtu (i).
Si ce Monftre attaquoit fa propre Bergerie ,
Dans tout fon Diocèfe exerçoit fa furie,
Je ne fauroisdouter que ce digne Pafteur,
Du cruel Animal n'appaifât la fureur
Par le moyen du jeûne , ainfi que la priere,
Pourroit-il donc jamais reculer en arriere,
Avec la foi, le zele , avec la charité,
D'en délivrer fon Peuple ayant la volonté ?
Non , non , je ne crois point que ce Prélat re-
        cule.
Si la Bête fe fauve aux environs de T . . . . . .
Semblable à notre Evêque , il vit trop faintement
Pour ne dompter ce Monftre alors publiquement,
Par un figne de croix qu'il feroit fur la Bête :
Pour tout fon Peuple alors quelle joyeufe fête !
On croiroit voir alors un autre faint Germain,
Dans ce cas notre Evêque un autre faint Romain.
Que d'un femblable Monftre enfin Dieu nous pré-
        ferve ,
Et le faffe périr en quartier de réferve !

(i) Tous ces détails font image.

Nous n'avons pas besoin de tous ces animaux ;
Car ce font du vrai Dieu tout autant de fléaux (*k*).

(*k*) L'Auteur de ce Poëme étoit déja connu avantageufement dans la République des Lettres. Il publia il y a quelques années des Vers exquis fur
la réfolution généreufe que M. G*** avoit prife d'être inutile au Théatre.

F I N.

Portrait de la Hiene, Bête feroce qui desole le Gevaudan, vûée par Mr. Duhamel
Officier des Dragons volontaires de Clermont, détaché a la poursuitte de cet
animal dangereux.   Permis d'Imprimer et distribuer ce 4 Mars 1765. DE SARTINE.
Se Vend a Paris chez Poilct Rüe St. Jacques au travers des Jacobins

Figure de la Bête, feroce que l'on croit être une Hyene qui ravage depuis 6 mois le Gevaudan près Langogne; tous les Fevorins plusieurs Lettres particulieres avoient annoncé la destruction de ce cruel Animal, mais les nouveaux desordres quelle vient de faire nous assure du contraire. Le Roy étant
informé des ravages de ce Monstre envoya Mr. Duhamel officier dans les Volontaires de Clermont avec 50 Dragons. Ce Monstre est d'une légèreté étonnante il fait
dans une heure un chemin immense, franchit les murs les plus élevés. Sa Majesté a ordonné une gratification de 6000 lb. pour quiconque le détruiroit, les États
du Languedoc et les Diocèses de Mende y ont aussi ajouté une recompense pour celui qui le tuera. Ce cruel Animal a dévoré beaucoup de femmes et d'Enfans.

Bête féroce que l'on suppose être une Hiène qui désole depuis quelques années les Pays de Gévaudan, d'Auvergne et de Languedoc, sans que
toutes les mesures que l'on a prise jusqu'à présent pour la détruire ayent pu réussir. Elle dévore principalement les femmes et les enfans,
elle leur a livré plusieurs combats qui seront à jamais mémorable comme on le voit ici représenté.
A Paris chez Mondhare rue S. Jacques à l'Hôtel Saumur

Suitte des ravages affreux causés par la cruelle Bête du Gévaudan, qui continue de désoler se Pays, malgré les
poursuittes et recherche continuelle de Mr Denneval et autres fameux Chasseur.

A Paris chez Moulhare rue S. Jacques a l'Hotel Saumur

Representation de la bête féroce nommée hiène qui fait un affreux ravage sur les limites du gevaudan et de l'auvergne elle s'attaque sur tout aux femmes et aux enfants leurs arrache les mamelles leurs mange le cœur et le foye et leurs coupe la taite elle à dévoré le 18 avril dernier dans la paroisse de paulhac un enfant de 12 à 13 ans le 22 elle attaqua un jeune garçon et une feille qui fut secourue à tems.

Se vend à Paris chez Cortet rue St Severin aux Armoiries.

Figure de la Bête feroce nommée Hyéne qui devore les Hommes et principalement les Femmes et les enfants
leur arrache les mamelles ... mange le cœur et le foye et leur arrache la tete Elle fait ce carnage
sur les limites du Gévaudan et de l'Auvergne. Se Vend à Paris chez Basset rue S. Jacques au coin de la rue des Mathurins à St...

Representation de la bête féroce nommée hiene.
A Paris chez Corbé rue St Severin aux dessins.

REPRÉSENTATION de la Bête féroce qui a fait de si Cruels Ravages dans les Provinces d'Auvergne, de Gevaudan, &c. Qui a été tuée dans le Bois de Pommieres en Auvergne, par Mrs Antoine et Reinchard. Le 20. Septembre
Mr Antoine étant averti que cette Bête faisoit des ravages dans le Bois de l'Abbaye Royale des Chases en Auvergne
Le 20. Sepbre le grand matin Mr Antoine fit fouiller le Bois par ses gardes et par 40. tireurs des habitans de Laqueu et des Villages voisins.
à Paris Chez Le Bel, rue du petit pont, à la Carte des Cieux.

Véritable Figure de la Bête féroce qui à tant ravagé le Gevaudan et l'Auvergne, et dont M. ANTOINE Chevalier de S. Louis, et seul Porte Arquebuse de Sa Majesté, qui après de fréquentes chasses l'a enfin rejoint dans le bois de la reserve de l'Abbaye Royale des Chazes il lui à tirer un coup de Carabine dans l'œil droit. A 50 pas de distances, cette Bête c'est relevée et à couru avec une telle promptitude sur lui, qu'il l'obligea d'appeller du secours ce fut M. RINCHARD, Garde de M.gr LE DUC D'ORLEANS qui est arrivé à temps, qui du coup la fait reculée 25 pas, et tomber morte. Il y a encore la Mère et 4 petits.

Avec permission, ce 11 octobre 1765.   De Sartine.

Paris chez Maillet, rue S. Jacques, au dessus de celle des Mathurins, à côté du S. Remy.

Cette Bête féroce qui a tant fait de ravages dans l'Auvergne et dans le Gévaudan, a
été tuée le 20 Septembre 1765 dans les Bois
de la Reserve de l'Abbaye Royale des Chasses en
Auvergne, par Mr. Antoine Chevalier Militaire de l'Ordre
de St. Louis, seul Porte Arquebuse de sa Majesté. Elle a été
présentée au Roy et à la Famille Royale, par Mr. Antoine
de Beauterne son fils.
Mr. Antoine
Mr. Rinhard Gardé de
Monseigneur le Duc
d'Orleans.
A Paris chez Buffet rue St. Jacques a St. Genevieve

Représentation de la bête feroce nommée hiene.

Cette Bête féroce qui a tant fait de ravages dans l'Auvergne et dans le Gévaudan, a été tuée le 20 Septembre 1765, dans les Bois de la Reserve de
L'Abbaye Royale des Chasses en Auvergne, par Mr. Antoine Chevalier Militaire de l'Ordre de St. Louis, seul porte Arquebuse de sa Majesté ?,
Elle a été présentée au Roy et a la Famille Royale, par Mr. Antoine de Beauterne son Fils.   A Paris chez Basset rue St. Jacques à Ste Geneviève

Représentation de la Bête féroce qui a été tué le 20 7bre dans les bois de la reserve de l'abbaye Royale de Chaise en auvergne par Mr. Antoine 1765.

Mr. Antoine Chevalier de l'ordre Royale et Militaire de St. Louis Grand Porte arquebuse de sa Majesté.

Mr. Rinchard Garde de Monseigneur le Duc D'orleans est arrivé en secours il a tiré sa carabine sur cette Bête qui la frappée par derriere ce coup la fait avancer vingt-cinq pas dans la plaine ou elle est tombée morte

Mr. Rhainhard Garde de Monseigneur le Duc D'orleans

Cette Bête a été reconnue par les personnes qu'elle avoit attaquée et principalement par cette fille qui lui a donné un coup de bayonnette à l'épaule gauche cette Bête porte la Marque de cette blessure cet animal a 32 pouces de hauteur et 5 pieds 7 pouces et demi de long et 3 pieds de grosseur cet animal a 40 dents et les compositeurs que 26 on en a même fait une duplie dans l'étendue de la machoire superieure du côté gauche les muscles du côté de cette Bête sont tres forte et indiquent une force extraordinaire ses côtes sont dispersées de façon qu'elle avoit la faculté de replier de la tête à la queue ses yeux etoient etincelants de feu qui n'etoit nez possible d'en soutenir le regard sa queue est tres grosse large epaisse et herissée de poils noir, ses pieds sont armés de griffes extrêmement fortes et crochues. Gravé chez Corbié rue St. Severin avec privilege.

Permis de Graver et Distribuer ce 16. 8bre 1765. De Sartine.

112

Représentation de la Bête du Gévaudan qui a fait tant de ravage dans ce Pays et dans l'Auver.[re] la qu'elle a été tuée le 20.e Septembre dernier par Mr Antoine chevalier de St Louis, seul Porte Arquebuse de sa Majesté; et présentée le 1.er Octobre au Roy et a la Famille Royale par Mr Antoine de Beauterne Fils. Pour que cet Animal se conservat, dans son naturel, on l'a disséqué, embaumé et attaché sur une planche tel qu'il est ici représenté. A Paris chez Mondhare rue St Jacque a l'Hotel [...]